Un manuel pour l'enseignement de l'histoire biblique

Eugène Kohn

Writat

Cette édition parue en 2023

ISBN : 9789359253534

Publié par
Writat
email : info@writat.com

Contenu

NOTE INTRODUCTIVE

La littérature pédagogique juive en est encore à ses balbutiements. Tandis que des manuels pour enfants, plus ou moins satisfaisants, ont été produits par de nombreux auteurs au cours du siècle dernier, l'effort visant à fournir à l'enseignant un matériel approprié pour l'orienter dans son enseignement est d'origine très récente et l'offre a jusqu'à présent été très léger. Les élèves de nos diverses écoles normales, et surtout la grande armée d'enseignants dispersés dans tout le pays, qui n'ont pas eu l'avantage d'une formation scolaire normale, sont souvent obligés de recourir aux ouvrages d'auteurs chrétiens pour s'informer et s'orienter. Même si ceux-ci peuvent leur fournir les faits et la méthode de présentation la plus approuvée, ils ne peuvent pas leur donner le point de vue juif qui est si essentiel à l'enseignant juif. Comme l'a fait remarquer feu le Dr Schechter : « Nous ne pouvons pas laisser nos lettres d'amour être écrites à notre place. Nous devons les écrire nous-mêmes, même au risque d'une mauvaise grammaire. » Nous devons remettre entre les mains de nos enseignants des livres qui leur inspireront la loyauté et la dévotion au judaïsme, qui leur donneront une attitude appropriée à l'égard de la Bible et de la tradition juive, et qui leur fourniront une compréhension adéquate des aspirations et des idéaux juifs. .

C'est dans ce but que le Comité de l'Éducation de la Synagogue Unie a demandé au rabbin Eugène Kohn de préparer l'ouvrage qui est désormais remis au public juif. L'auteur a admirablement réussi son entreprise et a produit un ouvrage qui contient des aides précieuses pour l'enseignant sérieux qui souhaite devenir plus compétent dans sa vocation. Ce volume, qui est le résultat d'une expérience considérable en classe, d'une connaissance intime des sources de l'histoire juive et d'un travail acharné, donne des données correctes et adéquates sur les leçons traitées, stimulant des suggestions quant à la manière de transmettre chaque leçon individuelle au enfant moyen et, ce qui est peut-être le plus important, une attitude exaltée que l'enseignant devrait adopter à l'égard de son travail. Bien que la responsabilité de l'ouvrage incombe entièrement à l'auteur, le Comité se félicite de pouvoir présenter, comme première publication, un ouvrage qui répond si pleinement à un besoin urgent. Nous espérons que ce livre sera suivi de nombreux autres volumes qui pourront contribuer à un meilleur équipement de la profession enseignante juive.

JULIUS H. GREENSTONE , président
*du comité sur l'éducation de la
Synagogue Unie d'Amérique* .

PHILADELPHIE , 11 juin 1917.

INTRODUCTION

Objectif du manuel. Ces dernières années, une certaine attention a été accordée à l'amélioration de la méthode éducative juive en ce qui concerne l'enseignement de la langue hébraïque, mais l'enseignement de l'histoire biblique, bien qu'il occupe une place importante dans les programmes de nos écoles religieuses, a reçu un accueil relativement important. peu d'attention de la part de nos éducateurs, du moins de la part de ceux des tendances orthodoxes et conservatrices. Du point de vue de la réforme, certaines publications récentes, même si elles présentent les défauts que montrent nécessairement tous les premiers efforts dans quelque direction que ce soit, marquent un progrès pédagogique décisif par rapport à l'ancienne manière non méthodique d'enseigner la matière. Mais du point de vue du judaïsme traditionnel, elles sont insuffisantes, aussi utiles que soient certaines de leurs suggestions pédagogiques, car elles sont guidées par un idéal différent. Ce manuel tente d'aider l'enseignant d'histoire biblique du point de vue du judaïsme traditionnel. Car quiconque considère de ce point de vue la manière dont l'histoire biblique est enseignée doit arriver à la conclusion que non seulement nous ne réalisons pas pleinement les valeurs éducatives qu'apporte l'étude de l'histoire biblique, mais que nous donnons souvent à nos enfants une de fausses notions sur les personnages de la Bible et sur les leçons que l'histoire de leur vie est censée enseigner à Israël. Développer un bon programme d'études sur l'histoire biblique ne peut pas être l'œuvre d'un seul homme ni être réalisé en une seule fois. Nous espérons cependant que les suggestions contenues dans ce livre pourront aider l'enseignant sérieux à rendre son enseignement plus fructueux et de bons résultats pour le judaïsme.

Trois facteurs déterminant la méthode d'enseignement. Toute discussion sur la méthode pédagogique appliquée à une branche d'études particulière doit prendre en considération trois facteurs : le but de l'enseignement, la matière à enseigner et l'enfant – son mode de pensée, ses intérêts et ses capacités.

L'OBJECTIF. La première chose que nous devons garder à l'esprit est que le but de toute éducation juive doit être une vie juive ; que le but de chaque branche de l'étude juive doit être formulé non pas principalement en termes d'informations à transmettre, mais d'habitudes de pensée et d'action juives à cultiver. Il s'ensuit que l'histoire biblique enseignée par un Juif qui croit en l'autorité de la Torah et des mitsvot sur nos vies doit être très différente du même sujet enseigné par celui pour qui le judaïsme n'est qu'un certain nombre de maximes morales et le dogme de la religion. l'unité. Ce livre, tentant de traiter le problème du point de vue du judaïsme traditionnel, considère que l'objectif principal de l'enseignement de l'histoire biblique est d'inspirer à l'enfant une appréciation des idéaux religieux qui ont façonné la vie d'Israël dans le passé. , avec une compréhension de la manière dont ces mêmes idéaux s'expriment dans les institutions religieuses d'aujourd'hui, et avec le désir de promouvoir les objectifs historiques de l'existence d'Israël par l'identification à la vie institutionnelle d'Israël, c'est-à-dire par l'observance des mitsvot, affiliation à la synagogue, etc. Nous devons en particulier créer chez l'enfant le sentiment de son identité personnelle avec son peuple, car c'est le levier par lequel les événements du récit biblique peuvent amener le Juif à s'intéresser activement au judaïsme. Il doit sentir que le choix d'Israël par Dieu signifie que Dieu l'a choisi pour vivre une certaine vie, la vie de la Torah, et que s'il ne parvient pas à vivre cette vie, il pèche contre Dieu et trahit son peuple. Il doit se sentir fier des héros de sa nation et inspiré par le sens des obligations qu'impose sa noble descendance. Il faut lui faire découvrir la parenté spirituelle qui le lie au reste d'Israël dans le passé, le présent et le futur. Si nous n'y parvenons pas, nous n'aurons pas réussi à enseigner l'histoire biblique.

Conception erronée et juste du but illustrée. Un manque d'appréciation de ces objectifs a souvent conduit à traiter le récit biblique comme s'il s'agissait simplement d'une série d'histoires morales ou, en tout cas, d'histoires dans lesquelles une morale peut être lue. Selon cette méthode, le lien du peuple juif d'aujourd'hui avec le peuple de la Bible est presque totalement ignoré et il n'y a pas de différence appréciable dans la manière dont sont enseignés les événements du récit biblique et, disons, les incidents de quelque ordre hautement moral. conte de fées ou folklore d'autres peuples. Pour donner un exemple, je cite le résumé suivant d'une leçon sur le « Retour de Moïse en Égypte » :

" Ainsi donc nous pouvons tirer de notre leçon ces deux nobles choses : la modestie orne tout le monde, même les plus grands, oui bien souvent les plus grands sont les plus modestes. Et puis, quand nous avons commencé à faire quelque chose, faisons-le avec tous. notre force et nous y tenir jusqu'à ce qu'il soit terminé, peu importe ce qu'il s'agit, qu'il s'agisse d'une leçon d'école ou de la libération d'un peuple ; tout ce qui vaut la peine d'être fait vaut la peine d'être bien fait.

On pourrait imaginer la même morale attachée à l'histoire de George Washington ou de Cincinnatus et ramenée tout aussi efficacement à la réalité. La différence entre la bonne et la mauvaise méthode de traitement du récit biblique du point de vue du but d'un tel enseignement peut être vue si nous comparons ce qui précède avec le simple résumé de la même leçon dans la Haggadah de Pâque :

"Nous étions esclaves de Pharaon en Égypte et l'Éternel notre Dieu nous en a fait sortir à main forte et à bras étendu. Et si le Saint, béni soit-il, n'avait pas fait sortir nos pères d'Égypte, voici, nous et nos enfants et les enfants de nos enfants pourraient encore être esclaves du Pharaon en Égypte. Et encore : « À chaque génération, chacun est obligé de se considérer comme s'il était lui-même sorti d'Egypte, comme il est dit : « Et tu diras ce jour-là à ton fils : C'est à cause de ce que l'Éternel a fait ». pour moi quand je suis sorti d'Egypte. Ce n'est pas seulement nos pères que le Saint, Béni soit-Il, a racheté, mais il nous a aussi rachetés avec eux, comme il est dit : « Et nous a fait sortir de là pour nous amener ici et nous donner le pays qu'il avait ». juré à nos pères.'"

Selon la méthode de la première citation, l'histoire biblique n'est pas plus liée à l'enfant que l'histoire de l'Iliade, selon la seconde c'est sa propre histoire, dont l'étude l'aide à se connaître soi-même , à connaître son juif. lui-même, la connaissance des liens qui l'unissent à ses compatriotes juifs et le peuple juif à son Dieu. On pourrait en dire beaucoup plus sur l'effet sur la méthode d'enseignement d'une conception claire du but de l'instruction dans l'histoire biblique lorsqu'elle est ainsi conçue en termes de vie juive, mais une étude des leçons données dans ce livre suffira à expliquer cela sans la nécessité d'une amplification plus poussée, nous pouvons donc passer à la considération de la matière à enseigner comme facteur déterminant dans la méthode d'enseignement.

Le sujet : l'histoire biblique. J'ai toujours fait référence à ce sujet sous le nom non pas d'histoire juive mais d'histoire biblique, et je l'ai fait à bon escient. Car le terme histoire juive n'engage pas à cette interprétation de l'histoire ancienne de notre peuple que l'on trouve dans la Bible. Du point de vue juif, la Bible, dans ses parties narratives ainsi que dans ses lois, est la Torah, c'est-à-dire un enseignement faisant autorité. Il ne se contente pas de rappeler les premiers événements de l'histoire juive, mais il adopte une attitude distincte à l'égard de ces événements, y voyant la révélation d'un dessein divin ; non seulement il raconte les actes des héros bibliques, mais il les juge, approuvant ici et désapprouvant là ; et c'est précisément cette attitude à l'égard de l'histoire juive, cette interprétation de la signification des événements historiques, qui doit exercer une influence sur la vie de l'enfant. Si nous enseignions simplement l'histoire juive en tant que telle et considérions la Bible simplement comme le livre source de cette histoire , nous pourrions raconter l'histoire de l'Exode de cette manière :

"Les enfants d'Israël qui avaient au début de leur séjour en Egypte été bien traités par les dirigeants égyptiens, en raison d'un changement de dynastie, furent soumis à l'oppression et contraints d'effectuer des travaux serviles pour les Pharaons. Ils profitèrent cependant d'une série des calamités qui ont visité l'Égypte, que leurs dirigeants Moïse et Aaron ont interprétés aux

Égyptiens comme des signes de la colère divine encourue par elle à cause de son oppression des Israélites, et ont ainsi quitté l'Égypte en corps.

Le récit ci-dessus est de l'histoire juive mais ce n'est pas de l'histoire biblique car il n'a rien à dire sur la signification de ces événements tels que la Bible les considère. Il ne nous dit pas que Moïse a été envoyé par Dieu, il ne sait rien de l'alliance avec Abraham dont ces événements sont l'accomplissement, il ne voit donc pas dans l'Exode un maillon d'une chaîne d' événements ayant son origine dans l'Exode. l'élection d'Abraham et sa consommation dans la révélation au Sinaï. Dans le récit biblique, ce qui ressort le plus est le *E ẓ ba Elohim* , "le doigt de Dieu", dans le récit purement historique, cela peut être complètement omis.

Doit donner une morale biblique à l'histoire juive. Très peu d'enseignants de nos écoles juives, voire aucun, feraient l'erreur d'enseigner les événements relatés dans la Bible simplement comme des faits froids, sans aucune tentative de leur donner une signification religieuse, bien que de fréquents efforts de rationalisation tendent dans cette direction. Pour l'essentiel, l'objectif de l'enseignement de l'histoire ancienne de notre peuple est considéré comme étant d'ordre religieux et appelant à une interprétation religieuse des événements enregistrés. Nous n'hésitons pas à attacher une morale aux histoires que nous racontons à nos enfants, mais là où nous échouons, c'est que nous imaginons que toute morale que nous pouvons lire dans l'histoire est satisfaisante. Nous avons déjà montré comment la considération du but de l'enseignement dans l'histoire biblique, du point de vue du judaïsme traditionnel, s'oppose à cette méthode et limite la morale qui devrait être enseignée à propos d'une histoire donnée, mais la considération du sujet - la matière à enseigner la limite encore davantage. Nous ne devons pas seulement donner une morale juive à chaque épisode du récit biblique, mais nous devons donner à l'enfant la morale spécifique que la Bible elle-même attache à cet épisode. Si nous prenons notre Bible au sérieux, si nous considérons son interprétation des événements de notre histoire comme essentiellement vraie, comme faisant effectivement partie de la Torah, une révélation divine, alors il devient de notre devoir de donner cette interprétation des événements et non une autre à nos enfants. . Nous nous excusons parfois de la perversion de la morale biblique en arguant que, parce que les enfants sont des enfants , ils ne peuvent souvent pas comprendre ce qu'est réellement la leçon biblique. Si tel est le cas, il vaut mieux ne pas enseigner cette histoire à l'enfant plutôt que de la falsifier. Mais en général , les idées de la Bible peuvent être transmises à l'enfant si nous prenons la peine de les traduire dans le langage de l'enfance et de les illustrer à partir de sa propre expérience. C'est en grande partie à cause de l'indolence de l'enseignant que nous péchons si souvent contre le sens biblique d'une histoire. J'ai entendu l'histoire du divorce d'Abraham avec Agar racontée comme s'il s'agissait d'une simple querelle de famille dans laquelle Sarah, par une persistance astucieuse, finit par convaincre Abraham, doux et soumis, à contrecœur, de renvoyer Agar, qui avait éveillé sa jalousie. Abraham est devenu un héros plutôt douteux qui représentait la vertu d'aimer la paix – la paix à tout prix comme le récit le montrait – et Sarah était considérée comme agissant de manière mesquine et impie. Si cette enseignante avait lu sa Bible attentivement et intelligemment avant de venir en classe, elle n'aurait pas pu se rendre coupable d'une déformation aussi grotesque du récit biblique, qui le rend non seulement trivial mais ridicule. Elle aurait alors réalisé qu'Ismaël devait être séparé d'Isaac pour la même raison que Lot devait être séparé d'Abraham et Ésaü de Jacob, parce qu'ils n'étaient pas de la postérité dont Israël était destiné à naître ; que même avant la naissance d'Ismaël, nous avons la prophétie racontée à Agar : « Et il sera un âne sauvage ; sa main sera contre chacun et la main de chacun contre lui » (Genèse 16 : 12). Elle aurait observé que, selon les paroles des rabbins, « Abraham était subordonné à Sarah dans la prophétie », que tout comme Isaac montra une préférence erronée pour Ésaü, Abraham, lorsque la naissance d'Isaac lui fut prédite, plaida : « Oh, qu'Ismaël puisse vivre. devant toi!", et que la Bible reconnaît la perspicacité prophétique supérieure de Sarah en nous disant que Dieu a commandé explicitement à Abraham: "Que cela ne soit pas pénible à tes yeux à cause du garçon et à cause de ta servante; dans tout ce que Sarah puisse te dire : écoute sa voix ; car en Isaac sera appelée ta postérité. » Certes, même si l'histoire présente sans aucun doute des difficultés d'ordre pédagogique, il n'est pas impossible d'enseigner à un enfant que Dieu a prévu qu'Ismaël serait un « *père* » *Adam* " (un âne sauvage), qu'il ne souhaitait pas que le peuple élu, qui devait hériter de la terre promise, possède de tels traits, et que par conséquent Ismaël devait être renvoyé pour qu'Isaac et ses descendants pourrait devenir le grand peuple qu'il avait promis à Abraham qu'il deviendrait. De cette façon, la Bible parle d'elle-même et raconte une histoire qui est tout aussi intelligible pour l'enfant que celle que l'enseignant que j'ai mentionnée a racontée, tout aussi intelligible et infiniment plus J'ai donné cet exemple assez longuement parce qu'il me semble typique du mal qui peut être causé en lisant dans le récit biblique n'importe quelle morale qui peut tomber sous la main au lieu de la morale que la Bible elle-même voulait.

Besoin d'étude biblique pour l'enseignant. Ce manuel s'efforcera dans chaque leçon de souligner au mieux la compréhension de son auteur quelle est la morale biblique de la leçon. Mais comme les interprétations sont toujours sujettes à des divergences d'opinions, l'étude des suggestions contenues dans ses chapitres ne peut décharger l'enseignant de la responsabilité d'une étude indépendante et minutieuse, avant d'entrer en classe, des passages bibliques dont il souhaite raconter l'histoire. enseigner.

L'enfant comme méthode déterminante. Et après avoir maîtrisé le sens du récit biblique, il doit étudier comment le transmettre à l'enfant d'une manière qui le rende non seulement compréhensible mais intéressant, et tout cela sans sacrifier le but de l'instruction. Il est actuellement impossible de traiter adéquatement la méthode d'enseignement de l'histoire biblique du point de vue des intérêts et des capacités de l'enfant juif. Nous avons besoin d'années d'études et d'expérimentations dans ce sens avant de pouvoir lui rendre pleinement justice, mais quelques principes pédagogiques universellement reconnus peuvent être brièvement examinés ici dans leur rapport avec notre sujet. Nous avons parlé de la nécessité d'un effort de la part de l'enseignant pour rendre la leçon compréhensible et intéressante, et nous accorderons donc une certaine attention à deux questions : (1) Comment rendre la leçon compréhensible ? (2) Comment peut-on le rendre intéressant ? Nous traiterons les questions séparément, par souci de commodité, bien qu'en réalité elles soient inséparables ; car on ne peut pas non plus attendre d'un enfant qu'il s'intéresse à ce qu'il ne peut pas comprendre, ni qu'on puisse lui faire comprendre quoi que ce soit qui comporte la moindre difficulté sans lui accorder cette attention soutenue que seul l'intérêt peut susciter de sa part.

Comment rendre la leçon compréhensible. Passer du connu à l'inconnu. La règle la plus importante à garder à l'esprit pour rendre l'enseignement compréhensible est le truisme familier selon lequel il faut procéder du connu à l'inconnu et continuer à définir constamment l'inconnu en fonction de ce qui est déjà connu de l'enfant. Comme c'est le cas pour la plupart des truismes, la véracité de cette affirmation est plus souvent reconnue qu'appliquée. Prenons par exemple la toute première phrase d'une des histoires bibliques destinée à l'usage des enfants. On y lit : « Au commencement, Dieu créa le ciel et la terre, c'est-à-dire tout le monde visible. » Y a-t-il jamais eu un être humain qui ne savait pas ce que signifiaient le ciel et la terre et qui savait pourtant ce que signifiait tout le monde visible ? Comparez avec ceci ce qui suit tiré d'un autre manuel :

"Il y a très, très longtemps, personne ne vivait sur cette terre qui est aujourd'hui si peuplée de monde.

"Il n'y avait aucun être vivant ici : pas de bétail, pas de bêtes sauvages, pas d'oiseaux, pas de papillons ou d'insectes d'aucune sorte et pas de poissons dans la mer.

"Avant cela, il n'y avait pas de plantes vertes ici ; pas d'herbe, pas d'arbres, pas de fleurs.

« Au commencement, Dieu créa le ciel et la terre.

"Au début, c'était il y a si longtemps que personne ne sait quand c'était."

Combien meilleure est cette façon de commencer l'histoire de la création à partir de ce que l'enfant a vécu des objets créés que de commencer par la non-existence et le chaos. Peu d'entre nous réalisent à quel point de nombreux termes courants chez nous ne signifient rien pour l'enfant. Cela est particulièrement vrai pour les termes utilisés dans la Bible et décrivant des choses familières dans l'Orient primitif mais peu connues dans l'Occident moderne, comme autel, sacrifice, tabernacle, caravane, pour n'en citer que quelques-uns.

Évitez les définitions formelles. Mais à ce stade, une mise en garde s'impose contre une application trop pédante de ce principe de définition des termes utilisés dans l'enseignement de l'enfant. Par exemple, un livre d'histoires bibliques destiné aux jeunes enfants préfixe à l'histoire de la création un vocabulaire qui comprend des explications de mots tels que terre, obscurité, lumière, ciel, dessous, dessus, bien, repos. Mais il doit être évident qu'un enfant qui ne peut pas, sans explications préalables, comprendre des mots aussi simples que ceux-ci n'est pas du tout en mesure de tirer profit de l'enseignement de l'histoire biblique. Il est possible de surcharger une histoire de définitions au point de perdre tout le fil du récit. Nous devons être prudents afin que nos élèves ne perçoivent pas la forêt à cause même des arbres. Il faut largement tenir compte de l'imagination constructive de l'enfant, qui construit ses propres définitions à partir du matériau du récit lui-même. Les enfants ont toujours compris les contes de fées sans jamais se voir définir les termes fée, sorcière, roi et princesse. Quand vous racontez à un enfant que le roi était assis sur un trône élevé, avec sa couronne sur la tête, son sceptre à la main, tandis que tout le peuple se prosternait devant lui, l'enfant, bien qu'il n'ait jamais vu de trône, reconnaîtra que c'est un trône. est quelque chose sur lequel les rois sont assis, qu'une couronne est quelque chose qu'un roi porte sur sa tête, un sceptre quelque chose qu'un roi tient dans sa main, et qu'un roi est un homme qui se distingue des autres hommes et devant lequel ils s'inclinent, une très bonne définition pratique du roi qui rendrait tout à fait inutile toute tentative élaborée de définition pour un enfant du concept de royauté. En fait, il faut éviter autant que possible les définitions formelles, et l' enseignant habile saura faire en sorte qu'une histoire définisse ses propres termes de la même manière que la phrase que nous venons de donner en exemple définissait pour l'enfant les quatre termes inconnus : roi , trône, couronne et sceptre . En effet, l'idée la plus importante de toutes, que nous devons donner à l'enfant, ne peut être définie autrement, même pour nous-mêmes, à savoir l'idée de Dieu. La règle générale à suivre peut être énoncée en ces termes : ne définissez jamais pour l'enfant aucun terme que l'histoire elle-même peut être amenée à définir, mais définissez tous les termes nécessaires que l'histoire elle-même ne peut pas être amenée à définir. Il convient de noter à ce propos que la meilleure définition d'un objet concret est l'objet lui-même ou une image de celui-ci.

Comment rendre la leçon intéressante. Enseignement oral préférable. Voilà pour la question de savoir comment rendre la leçon compréhensible à l'enfant. Comme cela a déjà été dit, cela en soi contribue grandement à répondre également à notre deuxième question, comment la rendre intéressante, mais d'autres considérations doivent également être prises en compte. L'art d'enseigner l'histoire est en grande partie l'art de raconter des histoires . Les enfants aiment les histoires et particulièrement les histoires vraies si elles sont bien racontées, mais cet amour d'un enfant pour une bonne histoire se limite, surtout dans les premières années, à une histoire qui est racontée. Les simples difficultés techniques de la lecture, l'inconvénient physique de la posture exigée, l'absence de commentaire que la voix et le geste fournissent à l'histoire, l'impossibilité de poser des questions à un livre, et un certain nombre d'autres considérations similaires font qu'il n'est pas souhaitable que le premier la connaissance d'un enfant avec une leçon doit provenir d'un manuel. Les manuels scolaires ont leur utilité, en particulier dans les classes supérieures, à des fins de révision, pour aider la mémoire à retenir ce qui a déjà été enseigné de bouche à oreille, mais la pratique en vigueur dans certaines écoles consiste à attendre de l'enfant qu'il apprenne la leçon. du livre avant qu'il vienne en classe est mauvais et doit être évité.

Quelques suggestions quant à la narration . Si alors la première présentation d'une leçon doit être donnée oralement par le professeur, il s'ensuit que le professeur doit se perfectionner dans l'art du conte . Comme tous les autres arts, l'art de raconter des histoires ne peut être conféré par des règles et surtout pas dans le cadre restreint de cette introduction. Quelques suggestions peuvent cependant être utiles. Lewis Carrol, dont Alice au pays des merveilles montre une rare perspicacité dans l'esprit enfantin, fait exprimer dans son Alice une préférence pour les livres riches en illustrations et en conversations. Il y a ici deux conseils qui sont utiles au professeur d'histoire biblique : le premier est d'utiliser des images pour illustrer une histoire et le second de toujours préférer le discours direct au discours indirect. Pour reprendre la deuxième de ces suggestions, comparez d'abord les récits suivants du même événement et demandez-vous lequel vous plaît le plus :

> 1. Alors Joseph ne put se retenir devant tous ceux qui se tenaient à ses côtés et il ordonna à chacun de le quitter. Et il n'y avait personne avec lui pendant que Joseph se faisait connaître à ses frères. Et il pleura à haute voix et les Égyptiens entendirent et la maison de Pharaon entendit. Et Joseph dit à ses frères qui il était et demanda si son père était encore en vie. Et ses frères ne purent lui répondre, car ils étaient effrayés en sa présence. Joseph leur dit de

s'approcher, et ils s'approchèrent, et il leur dit qu'il était Joseph qu'ils avaient vendu en Egypte et qu'ils ne devaient pas être affligés ni en colère contre eux-mêmes de l'avoir vendu là-bas, car c'était pour le préserver. la vie que Dieu lui avait envoyée avant eux. Car la famine régnait dans le pays depuis deux ans et il restait encore cinq années pendant lesquelles il n'y aurait ni labour ni récolte. C'est pourquoi Dieu l'avait envoyé devant eux pour leur donner un reste sur la terre et les garder en vie pendant un certain temps. grande délivrance.

2. Alors Joseph ne pouvait pas se retenir devant tous ceux qui se tenaient à ses côtés ; et il s'écria : « Faites que tout le monde sorte de chez moi. » Et il n'y avait personne avec lui lorsque Joseph se fit connaître à ses frères. Et il pleura à haute voix, et les Égyptiens entendirent et la maison de Pharaon entendit. Et Joseph dit à ses frères : « Je suis Joseph ; mon père est-il encore vivant ? » Et ses frères ne purent lui répondre, car ils étaient effrayés en sa présence. Et Joseph dit à ses frères : « Approchez-vous de moi, je vous prie. » Et ils s'approchèrent. Et il dit : « Je suis Joseph, votre frère, que vous avez vendu en Égypte. Et maintenant, ne soyez pas attristés ni en colère contre vous-mêmes de ce que vous m'avez vendu ici ; car Dieu m'a envoyé devant vous pour conserver la vie. Car ces deux années ont été il y a eu famine dans le pays, et il y a encore cinq ans pendant lesquels il n'y aura ni labour ni moisson. Et Dieu m'a envoyé devant toi pour te donner un reste sur la terre et pour te garder en vie pour une grande délivrance.

Le lecteur reconnaîtra immédiatement dans la deuxième citation le langage exact de la Bible. Le premier est le même passage transformé en discours indirect sans autre changement dans sa formulation, mais combien il perd en force même pour nous, adultes et même sous forme imprimée ; pour les enfants et dans la narration réelle, l'histoire perdrait encore plus.

L'avantage d'utiliser des illustrations. Quant à l'avantage d'utiliser des illustrations, que ce soit sous forme d'images distribuées et distribuées dans la classe ou sous forme de vues stéréoptiques , nous avons déjà évoqué un avantage en ce sens qu'elles aident à définir pour l'enfant le sens de certains éléments concrets. termes qui ne font pas encore partie de son vocabulaire, mais ils remplissent une fonction encore plus importante en l'aidant à visualiser le récit. Car ce que nous voyons semble toujours une partie plus intime de notre expérience que ce que nous avons simplement entendu. Lorsque Job veut exprimer l'intimité plus profonde de sa nouvelle connaissance de Dieu après que Dieu lui soit apparu , il déclare : « J'avais entendu parler de toi par l'ouïe de l'oreille, mais maintenant mon œil te voit . (Job 42. 5.)

Quand utiliser des illustrations et quelles illustrations utiliser. Bien que l'utilisation d'illustrations, notamment de vues stéréoptiques , qui ont l'avantage de concentrer l'attention de la classe sur une chose, soit d'une aide décisive, elles ne doivent être utilisées que pour réviser la leçon. Les raisons en sont : 1. que l'image détourne l'attention de la classe de ce que dit l'enseignant, 2. qu'elle empêche le déroulement fluide du récit en raison de la nécessité d'expliquer des détails de l'image qui sont souvent hors de propos, 3. que l'intérêt pour le dialogue dramatique des personnages, qui révèle leurs motivations et, dans la plupart des cas, la morale réelle de l'histoire, est sacrifié à l'intérêt pour les détails pittoresques des vêtements, des décors, etc., 4. que l'enseignant est au miséricorde de la conception artistique du récit biblique qui lui rend rarement justice d'un point de vue juif ou artistique, et fait souvent violence à la conception plus noble de l'histoire que l'imagination spontanée, stimulée par le récit de l'enseignant, aurait construite . Les images représentant Dieu sous forme humaine ne devraient bien sûr pas être autorisées dans une école juive. L'école ne devrait pas non plus utiliser des images qui représentent quelque chose de caractère mystique dans des images si précises et familières qu'elles dissipent toute l'atmosphère mystique. Lorsque, par exemple, la révélation sur le mont Sinaï est représentée par deux tables de pierre tombant du ciel entre les mains de Moïse, comme dans une image familière, il est peu probable qu'elle inculque la plus haute forme de révérence. Ou lorsque, comme dans un autre tableau, l'ascension d'Élie est représentée par un char tiré par des chevaux d'un rouge brillant, censé suggérer le feu mais dont les contours sont trop précis pour permettre une telle suggestion, l'enfant sera probablement simplement amusé de la couleur particulière des chevaux et l'image n'auront pas du tout illustré l'histoire pour lui. Il apparaît donc que l'enseignant doit exercer une certaine forme de censure sur les illustrations utilisées dans l'enseignement.

Activité personnelle de l'enfant. Nous avons plusieurs fois évoqué l'activité de l'imagination de l'enfant qui travaille à travailler dans son esprit le matériel fourni par l'enseignant, et la reconnaissance du fait que l'esprit de l'enfant n'est pas passif mais actif nous conduit à accepter un principe de l'importance la plus importante dans toute éducation, à savoir que l'enseignant ne peut donner une leçon à moins qu'il ne puisse amener l'esprit de l'enfant à rechercher de lui-même la connaissance qu'il souhaite transmettre. C'est la sagesse du proverbe simple : « Vous pouvez conduire un cheval à l'abreuvoir mais vous ne pouvez pas le faire boire ». Nous devons stimuler l'appétit pour la nourriture mentale que nous souhaitons donner à l'élève avant même de la lui donner. Comment cela peut-il être fait?

Les symboles et cérémonies juifs stimulent l' activité personnelle . En discutant du but de l'instruction dans l'histoire biblique, nous nous sommes inspirés de la Haggadah pour la Pâque, dont la lecture était principalement destinée à un but pédagogique puisqu'elle est en accomplissement du commandement : "Et tu le diras à ton fils ce jour-là". ; nous pouvons en tirer une autre indication à ce propos. L'enfant attablé la veille de Pâque voit devant lui une foule d'objets curieux et de cérémoniaux auxquels il n'est pas habitué. Il voit le *ma ẕẕ ot* , le *maror* et d'autres symboles, il remarque également l'attitude allongée au lieu de la posture dressée habituelle, et ainsi il s'exclame très naturellement *mah. Nishtanah* ! "Comme cette nuit est différente des autres nuits !" Puis, lorsque sa propre curiosité a été stimulée , on lui donne la réponse à ses questions et la leçon lui est imprimée. Les symboles et les cérémonies de la vie juive qui trouvent leur origine ou leur explication dans le récit biblique sont parfaitement adaptés à cette stimulation de la curiosité intellectuelle qui devrait précéder le récit de l'histoire. Une référence au sabbat et à la manière dont il est observé pourrait bien précéder l'histoire de la création qui explique son origine et sa signification ; une référence aux observances de la Pâque pourrait bien précéder un récit de l'Exode ; une référence à la synagogue peut précéder un récit de la construction du tabernacle, etc. Ceux-ci remplissent la double fonction d'intéresser l'enfant au récit et de l'intéresser aux choses de la vie juive que le récit aide à expliquer. Lorsqu'un objet de la vie cérémonielle juive ne peut être trouvé pour stimuler sa curiosité, un autre fait de son expérience peut être pris à la place. Ainsi l'histoire de Noé pourrait très bien être introduite par référence à l'arc-en-ciel, dont l'enseignant se chargera alors d'expliquer à l'enfant le sens de l'histoire.

La question de l'enseignant comme stimulant à l'activité personnelle . Dans la mesure où il y a dans chaque classe des personnes du type mentionné dans la Haggadah "qui ne savent pas poser de questions", il devient souvent conseillé au professeur lui-même de poser à la classe la question à laquelle il souhaite obtenir une réponse. Et en effet , une question occasionnelle de la part de l'enseignant au beau milieu de l'histoire peut grandement contribuer à susciter l'intérêt et à assurer une compréhension plus claire. Il se peut donc que l'enseignant raconte l'histoire de Joseph. Il arrive au point où les frères de Joseph viennent chez lui pour acheter du blé et explique comment Joseph, les ayant reconnus sans qu'ils l'aient reconnu, les avait entièrement en son pouvoir. Il demande ensuite : « Maintenant, que penses-tu que tu ferais si tu étais Joseph et que tes frères t'avaient traité si cruellement et qu'ensuite ils venaient vers toi pour avoir de la nourriture et tu les avais en ton pouvoir ? » Il intéresse immédiatement la classe à la question de savoir ce que Joseph a réellement fait et leur intérêt pour le reste de l'histoire ainsi que leur meilleure compréhension des motifs qui la sous-tendent sont assurés.

La récitation de l'élève. Voilà pour la présentation originale de la leçon par l'enseignant. Ceci fait, il faut demander à l'enfant de la réciter, non pas principalement, comme semblent le penser la plupart des enseignants, pour lui donner l'occasion de savoir si l'enfant a appris la leçon, mais parce que la nécessité de la raconter est nécessaire. à l'enseignant oblige l'enfant à réfléchir sur le sujet de la leçon et fait appel une fois de plus à son activité personnelle . Les questions posées par l'enseignant ne doivent pas être simplement de nature à faire appel à des éléments d'information, mais à exiger de la part de l'élève un exercice d'intelligence et à prouver non seulement qu'il se souvient de l'histoire, mais qu'il la comprend. Si par exemple l'enseignant souhaite interroger l'enfant sur l'histoire de la création, des questions formelles telles que "En combien de jours Dieu a-t-il créé le monde ? Qu'a-t-il fait le premier jour ? Qu'a-t-il fait le deuxième jour ?" etc., ne suffisent pas, car ils testent uniquement la mémoire. Il devrait poser des questions telles que celles-ci : « Pourquoi nous reposons-nous le septième jour de chaque semaine ? Quelle a été la dernière chose que Dieu a faite ? Pourquoi Dieu a-t-il fait durer l'homme ? » Pour ceux-ci, testez non seulement la mémoire mais aussi la compréhension. L'histoire que racontent les enfants lorsqu'on leur demande de répéter la leçon donnera au maître une idée de ce qui les a marqués et de ce qui ne l'a pas été, et sur cette base il devra approfondir ses questions. En général , il devrait y avoir moins de questions commençant par « quoi » et davantage de questions commençant par « pourquoi ».

Dramatisation de la leçon. Outre la répétition de la leçon par l'enfant sous forme de récitation et de réponses à des questions, il existe de nombreuses histoires dans lesquelles l'intérêt se concentre principalement sur le dialogue dramatique, que les enfants pourraient être encouragés à dramatiser en classe. La dramatisation doit être réalisée par les enfants eux-mêmes dans un esprit de jeu libre, l'enseignant se contentant de proposer des suggestions générales mais le dialogue étant la création spontanée des enfants. L'instinct d'imitation naturel des enfants, qui fait qu'une grande partie de leurs jeux imite les activités et les occupations de leur environnement adulte, accueille très favorablement ce genre d'imitation. En même temps, cet exercice leur permet d'entrer dans les motivations des personnages bibliques et de comprendre et de se souvenir des incidents du récit biblique comme peu d'exercices le peuvent. Il ne faut pas non plus que l'enseignant se laisse décourager par le manque d'accessoires pour la dramatisation, comme les décors et les costumes. L'imagination de l'enfant, qui peut transformer une chaise à bascule en bateau ou une table en montagne, peut facilement se passer des accessoires dont l'esprit sophistiqué de l'adulte a besoin. Les histoires qui se prêtent à un tel traitement sont la vente du droit d'aînesse par Ésaü, la bénédiction de Jacob et d'Ésaü par Isaac et les divers épisodes du récit de Joseph.

La préparation du professeur. Il résulte de la discussion ci-dessus que le professeur d'histoire biblique qui souhaite rendre justice à son sujet doit préparer soigneusement chaque leçon, non seulement, comme nous l'avons déjà suggéré, en vue de comprendre la signification des passages bibliques qu'il souhaite enseigner, mais aussi en vue de les enseigner efficacement à l'enfant. Cette préparation doit inclure 1. une enquête sur les objections à l'enseignement de cette leçon particulière à l'enfant, 2. l'effort pour trouver un point de contact entre le thème de la leçon et les connaissances et expériences antérieures de l'enfant, susceptibles de plaire à son intérêt, 3. l'étude du sujet du point de vue de l'efficacité littéraire et oratoire dans la présentation, 4. la tentative de trouver les meilleures illustrations et applications possibles de la leçon à la vie de l'enfant, 5. la préparation des questions et d'autres dispositifs par lesquels l'enfant est amené à travailler la leçon dans son esprit et à prouver qu'il l'a assimilée. Dans les chapitres de ce manuel, l'objet de chaque leçon, selon l'opinion de l'auteur, sera souligné et des suggestions seront, de temps en temps, données quant aux autres points qui ont été énumérés ici. Ce livre s'abstient cependant de donner un plan détaillé de chaque cours car il est jugé important de ne pas restreindre l'originalité et l'initiative de l'enseignant mais au contraire de favoriser l'expression libre et spontanée de la personnalité tant de la part de l'enseignant et d'élève.

Résumé. On pourrait en dire beaucoup plus sur la méthode d'enseignement de l'histoire biblique, mais cela suffira en guise d'introduction aux suggestions plus concrètes qui suivront dans les chapitres de ce livre. Il serait peut-être bon, cependant, avant de conclure, de résumer les conclusions les plus importantes :

1. Que le but de l'enseignement de l'histoire biblique à l'enfant n'est pas simplement de lui enseigner une morale telle qu'il pourrait l'apprendre de n'importe quelle histoire édifiante, mais d'influencer sa vie par la conscience de son identité spirituelle avec l'Israël de la Bible ;

2. Que les événements racontés doivent avoir la même signification que celle que la Bible elle-même leur donne et non aucune morale commode que nous souhaiterions leur annexer ;

3. Cet enseignement doit être adapté à l'enfant de manière à rendre la leçon (a) compréhensible, (b) intéressante ;

(a) Que pour être compréhensible, il doit procéder du connu à l'inconnu et définir l'inconnu en termes de connu, en évitant cependant, autant que possible, toute définition formelle et en laissant une large marge à l'exercice du l'imagination de l'enfant;

(b) Que pour être intéressante, la leçon doit d'abord être présentée oralement par l'enseignant dans un style rendu vivant par de nombreuses conversations citées directement, et que cela peut très bien être suivi d'illustrations telles que la projection d'images ou de vues stéréoptiques . ; que l'enseignant stimule la curiosité de l'enfant avant de commencer la leçon, de préférence en introduisant un objet pertinent du cérémonial juif, mais, à défaut, en faisant appel à l'expérience de l'enfant ; et enfin, que l'enseignant encourage l'activité et l'expression de l'enfant par des questions délicates tant au cours de la présentation de la leçon que lorsqu'on demande à l'enfant, comme il se doit, de réciter la leçon qu'il a apprise.

Nous espérons que ces suggestions pourront s'avérer d'une certaine aide pour l'enseignant sérieux de l'histoire biblique. Dans les chapitres qui suivent, nous essayons de leur donner une illustration plus concrète et plus précise. Chaque chapitre contiendra donc 1. l'interprétation du sujet de la leçon, 2. une brève discussion du but de son enseignement, et 3. des suggestions diverses sur la meilleure façon de le faire pour plaire à l'enfant.

PARTIE I

DE LA CRÉATION À LA MORT DE JOSEPH

CHAPITRE I

CRÉATION
Genèse 1.1 à 2.3

Note.— Les leçons de ce livre sont nécessairement divisées de manière quelque peu arbitraire, c'est-à-dire sans référence exacte à la quantité qui peut être enseignée au cours d'une seule session de l'école. Ceci est inévitable à l'heure actuelle, car la durée des périodes varie selon les écoles et les classes varient en termes d'âge et de développement mental de leurs élèves. La répartition s'est donc faite uniquement en fonction de la matière et non du temps à consacrer à l'enseignement. Certaines leçons peuvent nécessiter deux voire trois heures pour leur présentation complète.

Interprétation. Les premiers récits de la Genèse servent d'introduction à l'histoire biblique en donnant la vision juive de l'origine du monde en général et de la race humaine en particulier, préparatoire à la discussion du rôle qu'Israël était destiné à jouer dans le monde. Voici quelques-unes des idées les plus significatives que le récit de la création a à nous raconter en ce qui concerne le monde et la place de l'homme dans celui-ci :

1. Que Dieu est le créateur et par conséquent suprême sur la matière, la nature et le monde ;

2. Que l'homme est l'être le plus élevé dans l'ordre de la création en raison du fait qu'il possède les attributs divins de raison et de conscience, comme le suggèrent les mots « à notre image selon notre ressemblance » ;

3. Que Dieu aime ses créatures הָרַחֲמִים בְּ מְדֹ:ת שֶׁבְּ רָא "qu'il a créé conformément à l'attribut de miséricorde;"

4. Que Dieu désire en retour l'amour de l'homme et sa reconnaissance dans l'adoration, comme l'implique l'institution du sabbat.

But. En enseignant cette leçon à l'enfant, le but devrait être de lui inspirer le sens du respect et de l'adoration, particulièrement en relation avec l'observance du sabbat. Le message de ce chapitre, comme celui de tous les chapitres précédents de la Genèse, est universel, mais, comme la plupart des autres aspects universels du judaïsme, il a trouvé une expression concrète dans une institution spécifiquement juive, à savoir le sabbat, et, comme notre objectif est d'influencer Dans la vie juive de l'enfant, c'est par l'association des idées de la leçon avec l'institution du sabbat qu'il faut s'efforcer de les rendre efficaces.

Suggestions au professeur. Conformément au principe qui exige que nous procédions de ce qui est connu à ce qui ne l'est pas encore, il devient immédiatement évident que nous ne pouvons pas commencer cette leçon par un récit des ténèbres primitives à partir desquelles le chaos, puis le monde, ont été formés. Dans l'introduction (page 22), nous avons cité un récit de création qui commençait par une référence aux objets créés dans l'expérience de l'enfant. Toutefois, compte tenu de l'opportunité de stimuler la curiosité intellectuelle de l'enfant avant de commencer la leçon, il serait bon d'introduire la leçon par quelques questions concernant la distinction entre le sabbat et les autres jours de la semaine, culminant par la question « Pourquoi est-ce que nous agissons si différemment le jour du sabbat que les autres jours ? » Répondez ensuite en racontant l'histoire de la création de la manière suggérée dans l'introduction. Une fois le récit terminé, discutez à nouveau du sabbat et de la manière dont il doit être observé, car c'est ainsi que la morale du récit peut être mieux appliquée.

C'est un fait bien connu que les enfants sont attirés par la répétition exacte de certaines phrases qui ont un caractère de refrain. Il est donc bon d'utiliser le refrain « Et il y eut un soir et il y eut un matin » avec chacun des jours successifs de la création.

CHAPITRE II

ADAM ET EVE
Genèse 2.4 à 3.24

Interprétation. C'est l'un des récits de la Bible dont il est impossible d'enseigner la véritable signification dans son intégralité à l'enfant. Pour le comprendre, il faudrait une expérience que, de par la nature même du cas, l'enfant ne peut avoir vécue. Une compréhension partielle de sa morale peut cependant lui être transmise et les faits significatifs de l'histoire être tellement imprimés dans son esprit qu'il s'en souviendra et, plus tard, percevra leur signification profonde à la lumière de l'expérience acquise. L'histoire d'Adam et Ève est l'histoire de l'homme et de la femme, illustrée par les ancêtres de la race humaine. L'Eden de l'innocence bienheureuse se perd lorsque s'éveille chez l'homme l'appétit d'une connaissance interdite, d'une expérience du mal comme du bien, une expérience qui finalement le laisse conscient de sa nudité, conscient d'avoir péché et de étant désillusionné, conscient d'être dans une situation bien pire que s'il n'avait jamais recherché la connaissance interdite. Évidemment, cette signification plus profonde ne peut pas être comprise par l'enfant, mais certains éléments peuvent lui être rapportés ; on peut lui faire sentir que la jouissance des bonnes choses de la vie dépend d'une obéissance implicite aux lois que Dieu a établies comme conditionnant leur jouissance, de sorte que la désobéissance signifie la perte de ces joies.

But. Le but de l'histoire d'Adam et Ève doit alors être, du point de vue de l'enfant, la reconnaissance du devoir d'obéissance implicite et inconditionnelle à l'autorité légitime. Jusqu'à présent , la morale est universelle et non spécifiquement juive. Si nous nous arrêtions ici, nous ne réaliserions pas pleinement le but de l'enseignement de l'histoire biblique que nous nous étions proposé dans l'introduction. Mais, bien que la morale de l'histoire d'Adam et Ève soit universelle, elle peut être associée, comme cela a été le cas dans le cas de l'histoire de la création, à certains aspects de la vie juive. Ainsi, l'autorité légitime à laquelle nous réclamons l'obéissance implicite de l'enfant peut et doit être la Torah, et un accent particulier doit être mis à cet égard sur les lois alimentaires en raison de leur analogie avec le commandement divin de la leçon « de tout arbre ». Tu pourras manger librement du jardin ; mais tu n'en mangeras pas de l'arbre de la connaissance du bien et du mal. » De cette manière, la morale de la leçon est, pour ainsi dire, dramatisée dans la vie quotidienne de l'enfant et est amenée à accroître sa fidélité au judaïsme dans son ensemble.

Suggestions au professeur. Après ce qui a été dit sur le but de ce chapitre, il ne reste plus grand chose à noter comme suggestions de méthode, le récit sous sa forme biblique étant déjà admirablement adapté pour satisfaire l'amour de l'enfant pour une bonne histoire. La morale, comme nous l'avons suggéré, même si elle doit être dûment soulignée à la fin de l'histoire, en particulier lorsqu'elle est répétée par les enfants et est ainsi devenue le sujet de discussion en classe, ne doit pas être trop envahissante dans le récit de l'histoire. lui-même. Les paroles du serpent tentant Ève et la conversation dans laquelle Dieu réprimande Adam, Ève et le serpent devraient être citées aussi fidèlement que possible dans le langage biblique. Lorsque vous soulignez le lien entre l'histoire et sa morale comme indiqué ci-dessus, faites-le en interrogeant l'enfant plutôt qu'en l'énonçant simplement vous-même. Les questions qui peuvent être suggestives sont les suivantes :

Lorsque Dieu a donné à Adam et Ève tant d'arbres pour se nourrir et tout ce dont ils avaient besoin, était-il juste qu'ils mangent le fruit du seul arbre dont Dieu leur avait dit de ne pas manger, simplement parce qu'ils voulaient savoir comment cela se passait ? goûté ?

Si vos parents, qui vous donnent tant de choses, votre nourriture, vos vêtements et vos jouets, vous disent parfois de faire telle ou telle chose que vous n'avez pas envie de faire sur le moment, comment devez-vous agir ?

Connaissez-vous des choses que nous, Juifs, ne mangeons pas parce que Dieu, qui a créé tout ce que nous mangeons, nous a dit de ne pas les manger ?

CHAPITRE III

Caïn et Abel
Genèse 4.1 à 15

Interprétation. L'histoire de Caïn et Abel est une étude du péché, du remords et du repentir. Il y a une suggestion dans le verset 7 de mauvaises passions existant dans le cœur de Caïn avant même le meurtre de son frère, et, bien que le verset soit obscur, il peut être interprété comme donnant une raison pour laquelle Dieu n'accepte pas l'offrande de Caïn. Ce n'est qu'une fois l'acte accompli que Caïn réalise pleinement la signification de son acte, puis il est agité de remords et de peur jusqu'à ce que Dieu le rassure sur sa protection. Le signe que Dieu donne à Caïn est parfois interprété comme faisant partie de sa punition, mais dans la Bible, il est plutôt mentionné comme une preuve de l'acceptation par Dieu de son repentir.

But. L'enseignant doit s'efforcer, à travers cette leçon, de faire comprendre à l'enfant le danger de céder à l'envie et à la colère et l'opportunité de se repentir et de confesser ses péchés à Dieu chaque fois que nous avons mal fait.

Suggestions au professeur. Les sentimentalistes s'opposent parfois à l'enseignement de cette histoire aux jeunes enfants en raison du crime sordide qu'elle raconte. Cette objection n'est cependant pas valable, car l'ignorance et l'innocence mêmes de l'enfance privent l'histoire de l'essentiel de son horreur. En effet, l'éducateur doit plutôt se garder de faire perdre complètement à l'enfant le sens de la tragédie du crime, de la tragédie universelle par laquelle la passion conduit les hommes à commettre des actes qu'ils retrouveraient volontiers s'ils le pouvaient. Afin de faire comprendre cela à l'enfant, l'enseignant doit décrire ce que le récit de la Bible suggère à peine, le caractère capricieux de Caïn avant le sacrifice qui l'a rendu inacceptable. Consacrez du temps à caractériser Caïn et Abel de telle manière que l'enfant représente le premier comme un homme maussade, mécontent et envieux, qui ne montrait aucune véritable appréciation de la bonté de Dieu à son égard et dont l'offrande n'était donc pas acceptable pour Dieu, tandis que celle de Abel, qui était sincèrement reconnaissant envers Dieu, fut accepté. Comme c'est la première fois que le sacrifice est mentionné, expliquez le sens du sacrifice comme moyen par lequel les hommes autrefois montraient à Dieu qu'ils étaient reconnaissants pour sa bonté en leur donnant leur nourriture, en n'utilisant pas tout ce qu'il leur donnait mais en en brûlant sur un tas de pierres appelé autel. Utilisez des illustrations tirées de la vie de l'enfant montrant comment un cadeau est plus ou moins acceptable selon le motif qui le motive. Vous pourriez demander aux enfants : « Qu'est-ce qui vous plairait le plus : si quelqu'un vous offrait un cadeau le jour de votre anniversaire parce qu'il vous aime, ou parce qu'il pense que lorsque son anniversaire viendra, vous lui en offrirez un également ? » et continuez : « Maintenant, quand Caïn et Abel apportèrent leur offrande à Dieu, Dieu savait qu'Abel l'aimait et lui obéissait toujours et donnait son offrande parce qu'il était vraiment reconnaissant envers Dieu dans son cœur, mais Caïn, qui était toujours mécontent et pas très obéissant, Dieu savait qu'il avait apporté son offrande uniquement parce qu'il pensait que s'il le faisait, Dieu pourrait être satisfait et lui envoyer ainsi la pluie nécessaire pour faire pousser son maïs, afin qu'il ait beaucoup à manger pendant l'année. Dieu accepta donc l'offrande d'Abel mais n'a pas accepté celui de Caïn". Insistez sur l'avertissement de Dieu à Caïn, "Le péché s'accroupit à la porte", qui doit être expliqué comme signifiant que Caïn doit faire très attention à la manière dont il agit et que s'il a envie de faire du mal à Abel, il doit retenir ce sentiment et ne le faites pas, ou il pourrait faire quelque chose dont il se sentirait plus tard très désolé, après qu'il ne puisse plus l'annuler. Rappelez-vous que le très jeune enfant n'a aucune notion de la mort et racontez donc le point culminant de l'histoire de cette manière ; "Or, quand Caïn vit qu'Abel gisait par terre en sang et ne pouvait ni bouger ni lui parler, il comprit qu'il avait commis un grand péché et il eut peur". Le dialogue entre Dieu et Caïn après la mort d'Abel devrait être cité le plus fidèlement possible dans le langage de la Bible, en particulier la tentative de Caïn d'abord d'échapper à ses responsabilités en ces termes : « Suis-je le gardien de mon frère ? suivi plus tard de sa confession complète : « Ma culpabilité est plus grande que je ne peux supporter ». En appliquant le but de la leçon tel que nous l'avons donné, évitez de vous contenter de déclarations didactiques et faites plutôt ressortir le point par des questions, après avoir conclu le récit. Les questions suivantes sont suggestives :

Pourquoi Dieu a-t-il accepté l'offrande d'Abel et n'a-t-il pas accepté celle de Caïn ?

Qu'a ressenti Caïn lorsqu'il a vu que Dieu n'acceptait pas son offrande ?

Qu'est-ce que Dieu a dit à Caïn pour l'avertir de ne pas céder à la colère ?

Quand Caïn a vu qu'il avait tué Abel, qu'a-t-il ressenti ?

Dieu a-t-il pardonné à Caïn ? Comment Dieu a-t-il montré qu'il lui avait pardonné ?

CHAPITRE IV

NOÉ
Genèse 6.5 à 9.1

Interprétation. L'histoire de Noé est si simple qu'elle n'a pratiquement pas besoin d'être interprétée. Le monde était devenu corrompu et, comme Dieu ne peut tolérer la corruption morale, il semblait préférable de détruire ce qu'il avait créé. Cependant, malgré la destruction universelle, la providence de Dieu a choisi Noé, en raison de sa supériorité morale, pour qu'il soit sauvé et qu'il fasse démarrer la vie humaine sur un plan supérieur. Il ordonne donc à Noé d'emmener avec lui dans l'arche sa famille et suffisamment d'animaux pour assurer la préservation des différentes espèces, en prenant davantage d'animaux purs et propres à la nourriture, et, lorsque Noé quitte finalement l'arche, il fait un L'alliance avec lui, dont les termes sont que Noé, est d'observer certaines lois morales, y compris l'interdiction du meurtre, et que Dieu ne détruira plus jamais toute vie par un déluge et garantira la succession ordonnée des saisons comme nécessaire à l'homme. existence. En signe de cette alliance, Dieu montre à Noé l'arc-en-ciel.

But. Le but de l'enseignement de cette leçon à l'enfant devrait être de lui donner l'idée du contrôle de Dieu sur toutes les forces de la nature et de sa providence particulière exercée sur chaque individu, récompensant les bons et punissant les méchants. Comme notre objectif est, dans la mesure du possible, de trouver une manière typiquement juive par laquelle l'enfant peut exprimer les idéaux enseignés, cette leçon devrait être l'occasion d'enseigner à l'enfant la *berakah* (bénédiction) en voyant un arc-en-ciel qui est associé à l'histoire de Noé.

Suggestions au professeur. Pour relier cette histoire à la vie de l'enfant, commencez par une référence à l'arc-en-ciel. Laissez les enfants raconter quelles couleurs ils ont vues dans l'arc-en-ciel, attirez leur attention sur le fait qu'il apparaît toujours après une tempête, puis dites-leur que vous allez raconter une histoire qui leur expliquera pourquoi Dieu crée un arc-en-ciel dans l'arc-en-ciel. ciel après la pluie. Et lorsque vous avez terminé l'histoire, reliez à nouveau la morale de celle-ci à l'arc-en-ciel comme suit :

"Et ainsi, les enfants, chaque fois que nous voyons un arc-en-ciel , cela devrait nous rappeler cette histoire de la façon dont Dieu a sauvé Noé du déluge grâce à sa bonté, et comment Dieu a promis de ne plus jamais détruire le monde entier par un terrible déluge. Et chaque fois que nous vois un arc-en-ciel , nous devrions tous dire cette petite prière ou *berakah* que je vais t'apprendre, זוֹכֵר הָעוֹלָם מֶלֶךְ אֱלֹהֵינוּ יְהֹוָה אַתָּה זוֹכְרֵב רוֹדְ הַבְּ רִית בְּ מַאֲמָרו וְקַיָם בְּ בְּרִיתוֹ וְנֶאֱמָן , ce qui signifie : « Béni sois-tu, Seigneur notre Dieu, Roi du monde, qui te souviens de son alliance, qui est fidèle à son alliance et qui tient sa promesse ».

Le terme alliance doit être expliqué à l'enfant dans ce chapitre comme un échange de promesses.

L'histoire de Noé contient de nombreux appels à l'intérêt de l'enfant dont l'habile éducateur saura tirer le meilleur parti. Une arche de Noé avec toutes sortes d'étranges petits animaux en bois qui pouvaient être mis et retirés a été le jouet préféré de nombreux enfants maintenant devenus virils. Un enfant s'intéresse naturellement aux animaux et, lorsque vous racontez comment les animaux sont entrés dans l'arche, demandez aux enfants de vous donner les noms des animaux qu'ils ont vus au zoo ou au cirque.

Pour souligner la morale de l' histoire, utilisez l' élaboration *haggadique* selon laquelle la période pendant laquelle l'arche était en cours de construction a donné aux pécheurs une opportunité de se repentir, dont ils n'ont cependant pas profité mais se sont simplement moqués de Noé pour sa confiance en lui. Dieu et lui obéir. Cette *haggada* est en plein accord avec l'esprit du récit biblique et donne un contenu à l'affirmation : « Noé était dans sa génération un homme juste et sincère ; Noé marchait avec Dieu. » [1]

L'épisode raconté dans Genèse 9.21 à 29 ferait mieux d'être omis car non adapté aux enfants.

CHAPITRE V

LA TOUR DE BABEL
Genèse 11.1 à 9

Interprétation. Ces versets racontent comment les descendants de Noé, fiers d'une nouvelle civilisation et acquérant le nouvel art de construire avec des briques, s'efforcent de contrecarrer le dessein divin de les disperser à travers le monde et sont frustrés dans leurs plans à cause de la confusion de leur langage par Dieu. Sa morale est la vanité de toute tentative de la part de l'homme de faire échouer le dessein de Dieu.

But. Cette leçon n'est pas de nature à produire une morale que l'enfant puisse appliquer immédiatement dans sa propre vie. Sa morale s'adresse plutôt à la société qu'à l'individu en dénonçant la vanité de la dépendance aux simples éléments matériels de la civilisation. Cependant, dans la mesure où cela peut devenir intéressant pour l'enfant et faire appel à son imagination, il est bon de lui apprendre qu'il peut devenir une partie de sa réserve d'informations juives qui recevra une signification supplémentaire à mesure que son expérience grandit.

Suggestions au professeur. Cette leçon doit être introduite par une référence aux différentes langues avec lesquelles l'enfant a été en contact. Il peut alors attirer son attention sur le fait que, comme tous les hommes descendent de Noé, ils doivent tous, à l'origine, parler une seule langue. Cela soulève immédiatement la question de savoir comment il est arrivé qu'il existe aujourd'hui plusieurs langues et, lorsque l'enfant s'intéresse à cette question, il a l'attitude mentale appropriée pour entendre l'histoire.

Le motif de la construction de la tour n'est pas donné très clairement dans la Bible et, sous la forme sous laquelle il est donné, n'est guère de nature à imprimer l'histoire dans l'esprit d'un enfant. Il convient donc d'amplifier l'histoire conformément à la *haggadah* qui suggère comme motif la tentative d'éviter les conséquences d'un autre déluge comme celui de Noé. Le péché de la génération de la dispersion réside donc dans le fait qu'au lieu d'essayer d'éviter le mécontentement de Dieu, ils ont essayé de se rendre insensibles à ses conséquences, une morale qui réalise l'idée du récit biblique en l'énonçant seulement de manière plus explicite. termes.

CHAPITRE VI

LE CHOIX D'ABRAM ET LE CHOIX DE CANAAN
Genèse 12.1 à 10 et 13.1 à 18

Interprétation. Avec cette leçon commence l'histoire de notre peuple. La Bible veut que nous voyions dans la séparation d'Abram et de son clan de la tribu mère, et leur migration vers Canaan, non pas une circonstance fortuite, mais l'accomplissement d'un plan divin selon lequel Dieu devait faire des descendants d'Abram le peuple élu et du pays de Canaan, le pays élu. La raison pour laquelle Abram a été choisi parmi tous les peuples n'est pas clairement indiquée, mais un trait de son caractère est mis en évidence ici et dans tous les chapitres suivants, sa foi et son obéissance implicites. Les rabbins soulignent qu'en lui ordonnant de quitter sa terre, Dieu lui dit simplement d'aller « vers le pays que je te montrerai », sans indiquer de quel pays il s'agit. Encore une fois , Il lui promet : « Je donnerai ce pays à ta postérité », bien qu'Abram soit sans enfant. Abram n'a pas non plus été autorisé à croire que son neveu Lot aurait pu être visé par la promesse, car, lorsque les bergers d'Abram et les bergers de Lot se disputent, Lot choisit la terre de Sodome et non la terre promise. En un mot, Dieu semble avoir choisi Abram comme père du peuple élu en raison de sa foi et de sa volonté inconditionnelle de se soumettre à la direction divine. Un deuxième trait de caractère qui ressort clairement est son amour de la paix, comme l'illustrent ses relations avec Lot.

But. L'objectif principal de l'enseignement de cette leçon à l'enfant devrait être de lui inspirer la pensée qu'il fait partie du peuple élu de Dieu, un descendant d'Abram, et qu'il devrait se montrer digne de sa descendance en imitant l'obéissance d'Abram à Dieu à travers son obéissance à Loi juive. Tout l'intérêt de ce récit est perdu si l'enseignant ne souligne pas le fait qu'Abram est le père du peuple juif.

L'objectif secondaire pourrait bien être de stimuler l'intérêt pour la Palestine en tant que terre d'élection.

Une troisième leçon qui peut être enseignée à cet égard est celle de l'opportunité de la paix.

Les deux derniers objectifs doivent cependant être évoqués incidemment, le premier comme une indication de l'amour de Dieu pour Abram et ses descendants, le second comme montrant en quoi Abram méritait d'être choisi.

Suggestions au professeur. Comme tout l'intérêt du récit est perdu si l'enfant n'est pas amené à ressentir le lien du peuple juif avec Abram, prenez la peine d'expliquer ce que l'on entend par descendance et comment tout un peuple peut descendre d'un seul homme, en montrant comment les petits-enfants d'un homme sont généralement plus nombreux que ses enfants, etc. Il pourrait être avantageux d'utiliser le tableau noir pour illustrer graphiquement cette idée. Puis, après avoir expliqué comment Dieu espérait créer une grande nation à partir des descendants d'Abram, demandez : « Est-ce que l'un d'entre vous sait quels sont aujourd'hui les descendants d'Abram ? Eh bien, je vais vous le dire. Vous et moi et tous ceux qui se disent Juifs. " Nous descendons d'Abram. C'est pourquoi nous parlons toujours de lui comme de notre père Abram. Maintenant, ne veux-tu pas que je te parle davantage de notre père Abram et du grand peuple qui est né de lui et auquel nous appartenons ? " iblica

Par la suite, appelez toujours Abram « notre père Abram », comme il est presque invariablement appelé dans la littérature juive אָבִינוּ אַבְרָהָם . Cela gardera l'enfant conscient de sa descendance d'Abram, augmentera son intérêt pour lui et lui fera sentir que l'histoire biblique est l'histoire de son propre peuple.

Comme les motifs du choix d'Abram par Dieu ne sont que vaguement suggérés dans la Bible, l'enseignant doit les rendre plus explicites. Attirez l'attention sur le fait que le monde était redevenu corrompu, que l'idolâtrie prévalait - et ici il devient nécessaire d'expliquer ce que signifie l'idolâtrie - dans la maison de Térah comme ailleurs (voir Josué 24. 2), mais qu'il y avait un seul homme, Abram, qui a toujours obéi à Dieu et qui, Dieu le savait, ordonnerait à ses enfants de le faire. Et c'est pourquoi Dieu lui a dit de quitter sa famille et son peuple parce qu'il voulait faire de lui un grand peuple qui ferait toujours ce qu'il leur disait et non un peuple insensé et méchant comme ceux parmi lesquels il vivait.

Les divers récits *hagadiques* sur les persécutions auxquelles Abram fut soumis par Nimrod et même par son propre père, bien que beaux en eux-mêmes et intéressants pour les enfants, ne devraient pas être enseignés dans le cadre de la leçon. (Voir note de bas de page à la page 46.)

Afin de rendre le récit plus vivant et plus impressionnant, l'appel de Dieu à Abram et sa promesse (Genèse 12. 1 à 3) devraient être cités dans le langage de la Bible, tout comme les paroles d'Abram à Lot (Genèse 13. 9) et la parole de Dieu. promesse quand Abram s'installa en Canaan (Genèse 13. 14 à 18).

Lorsqu'il parle de la promesse de Dieu de donner à Abram le pays de Canaan, l'enseignant peut s'éloigner quelque peu pour décrire les principales caractéristiques géographiques de la Palestine, en montrant aux enfants sur la carte où elle se trouve et en soulignant ses principales caractéristiques topographiques, si les enfants sont d'un niveau d'âge élevé. l'âge où ils savent interpréter des cartes. La description du territoire doit être telle qu'elle suscite un attachement, en insistant sur la variété de son climat, la beauté de ses paysages et sa fertilité. Des images de la Palestine, en particulier des lieux associés à la vie d'Abram, devraient être montrées.

CHAPITRE VII

LE DÉBUT DE LA GRANDEUR D'ABRAM
Genèse 14

Interprétation. La bénédiction d'Abram commence à se manifester à travers son succès militaire dans la campagne pour sauver Lot et sa famille. Il est reconnu par Melchisédek, roi de Salem (à identifier avec Jérusalem), et « prêtre de Dieu le Très-Haut », qui lui donne du pain et du vin et à qui il donne la dîme du butin. Le roi de Sodome reconnaît également sa grandeur et la valeur de ses services, qu'il souhaite récompenser, mais Abram rejette la récompense offerte pour pouvoir conserver son indépendance et affirmer sa confiance dans la promesse divine.

But. Le but de l'enseignement de cette leçon devrait être d'éveiller l'appréciation des vertus héroïques de courage, de loyauté et d'indépendance et, en les associant au fondateur du peuple juif et à la foi juive, d'éveiller le respect de soi juif de l'enfant.

Suggestions au professeur. Il est très important, lorsqu'on raconte de telles histoires, dont la morale doit être renforcée par l'imitation par l'enfant des vertus des personnages dont il raconte les actes, et non d'ajouter une morale à la fin du conte. Si l'enfant est impressionné par l'histoire, l'imitation en résultera certainement et, en ajoutant une morale énoncée en termes abstraits, on ne fera que donner à l'enfant le sentiment que les événements de l'histoire ne se sont pas réellement produits mais ont été « inventés » pour pointer la morale. Mais l'enfant doit être impressionné par l'histoire, et l'enseignant compétent saura rendre les détails de l'histoire elle-même si impressionnants qu'ils en feront ressortir la morale. Par exemple, au lieu de dire à la fin de l'histoire : « Cela nous apprend à quel point Abram était un homme courageux puisqu'il était prêt à risquer sa vie pour Lot et sa famille », l'enseignant pourrait commencer l'histoire comme suit :

« Un jour qu'Abram était assis à la porte de sa tente, un homme accourut vers lui, tout essoufflé, et dès qu'il eut repris son souffle pour parler, il dit : « Il y a eu une terrible bataille à Sodome. ... Moi et quelques autres nous sommes échappés, mais votre neveu Lot et sa famille ont tous été emmenés captifs et personne ne peut dire ce qui leur sera réservé. Sur ce, Abram rassembla ses quelques partisans au nombre de 318 et, avec ses amis et voisins, Aner, Eshcol et Mamre et leurs soldats, suivirent l'ennemi, espérant que Dieu l'aiderait, même s'il savait que l'ennemi avait beaucoup de choses. plus d'hommes que lui.

Le détail intéressant de la façon dont l'ennemi est tombé dans les fosses gluantes de la vallée de Siddim ne doit pas être omis car il donne plus de vivacité et de réalité au récit.

On peut compter sur l'enfant pour répondre à l'appel pour son appréciation des vertus martiales d'Abram, mais il ne comprendra pas toute la signification du refus d'Abram d'une part du butin et de sa déclaration "Tu ne diras pas que j'ai rendu Abram riche". sans l'aide du professeur. Faites ressortir son point de vue en demandant : « Pourquoi Abram n'a-t-il pas voulu laisser le roi de Sodome le rendre riche ? et si, comme ce sera probablement le cas, l'enfant n'a pas de réponse prête, expliquez comme suit :

"La raison est la suivante. Abram avait rejoint la guerre non pas pour obtenir de l'argent ou d'autres richesses de l'ennemi, car cela aurait été un simple vol. Il s'était battu pour sauver Lot et sa famille, et, lorsqu'ils furent en sécurité, il fut satisfait. Mais les habitants de Sodome étaient, comme vous le savez par notre dernière leçon, très méchants et leurs rois faisaient tout le temps la guerre, même s'il n'y avait aucune bonne raison, afin de s'enrichir de ce qu'ils prenaient à l'ennemi. Et Abram pensa que si je prends de l'argent maintenant du roi de Sodome, quelque temps plus tard, il pourrait dire : "Abram, c'est moi qui t'ai rendu riche ; maintenant tu dois m'aider à combattre mes ennemis et à les voler". Abram n'aurait donc rien à voir avec lui et ne lui accepterait même pas un petit budget. Il savait en outre que s'il obéissait à Dieu, Dieu lui donnerait tout ce dont il avait besoin, et donc il n'aurait pas à accepter de cadeaux d'un seul. qu'il ne pouvait ni respecter ni honorer.

Assurez-vous de bien préciser que l'hommage de Melchisédek à Abram était une reconnaissance du fait que sa victoire était un signe de la faveur de Dieu, et que le fait qu'Abram donne la dîme était une expression de sa reconnaissance de l'aide de Dieu dans la bataille.

La leçon pourrait être conclue par un résumé tel que le suivant :

Ainsi, notre père Abram est devenu grand et célèbre dans le nouveau pays dans lequel il était venu, parce que Dieu l'a béni dans tout ce qu'il a fait, de sorte qu'il a été appelé par son peuple autour de lui « prince de Dieu ».

CHAPITRE VIII

HAGAR ET LA NAISSANCE D'ISHMAEL
Genèse 15.16.17

Interprétation. Au chapitre 15, la foi d'Abram est une fois de plus mise en valeur. Dieu promet à Abram une grande récompense, mais, n'ayant pas d'enfant, il est indifférent à une récompense qui doit finalement passer à des étrangers, les descendants d'Eliezer, mais Dieu lui explique qu'il doit avoir un enfant à qui la récompense doit revenir. descendre, et il a foi dans la promesse de Dieu, même si pendant de nombreuses années elle reste inaccomplie.

La vision d'Abram, rapportée dans les versets 12 à 16, est significative car elle montre le caractère providentiel de l'esclavage égyptien. Nous n'avons cependant pas besoin d'en discuter ici en détail, puisque sa signification n'apparaît qu'à la lumière des leçons ultérieures et qu'elle n'est pas intrinsèquement intéressante pour l'enfant.

Pour l'interprétation du thème principal de cette leçon, le lecteur est renvoyé à l'introduction de ce livre, pages 19-20. Il convient de noter qu'en donnant à Abram sa servante Agar comme épouse, Saraï accomplit un acte altruiste dans l'espoir qu'elle puisse ainsi contribuer à réaliser la promesse faite à Abram, et il n'est pas étonnant qu'elle soit mécontente de l'attitude arrogante d'Agar. , qui est le principal bénéficiaire de son acte altruiste et pourtant le vante comme si la stérilité de Saraï était une marque d'infériorité et peut-être même de défaveur divine.

Le fait que, quand Agar s'enfuit de Saraï avant la naissance d'Ismaël, l'ange lui demande de revenir, et qu'après la naissance d'Isaac, Dieu non seulement sanctionne mais ordonne la séparation, montre clairement que le motif de la séparation était cela s'exprimait dans les mots : « En Isaac, une semence te sera appelée », et que, entre-temps, Abram devait voir sa foi mise à l'épreuve par son attachement à Ismaël, comme plus tard par son attachement à Isaac.

Il convient également de noter, ici comme ailleurs, que les patriarches et leurs épouses elles-mêmes n'avaient qu'une idée vague et souvent incorrecte du dessein de Dieu dans ses relations avec eux. Ainsi Saraï, se rendant compte qu'elle est stérile, raisonne d'abord que la promesse de Dieu à Abram était destinée à s'appliquer à lui seul et non à elle et qu'elle nécessitait donc qu'il prenne une autre épouse. Quand Ismaël naît, Abram pense qu'il doit être l'enfant du destin et c'est l'une des épreuves auxquelles sa foi est soumise lorsque, après la naissance d'Ismaël, Dieu lui dit que non pas ce fils mais un autre, qui doit naître de Saraï, c'est être son héritier. Le point important de tout cela est que l'histoire des patriarches n'est pas une simple biographie personnelle, mais que sa véritable signification doit être comprise comme montrant le soin que Dieu a exercé dans la sélection du matériau à partir duquel le peuple élu devait être façonné . Tous les descendants d'Abram ne devaient pas être jugés aptes à cette élection, mais il devait devenir le « père d'une multitude de nations » parmi lesquelles une seule devait être choisie.

Dans l'enseignement de l'alliance rapporté dans Genèse 17, la cérémonie de la circoncision ne peut, pour des raisons évidentes, être abordée en classe, mais le changement des noms d'Abram et de Saraï devrait l'être, et sa signification doit donc être interprétée. Donner un nouveau nom est un signe de propriété et d'intérêt. Dieu montre son amour pour Abram et Saraï et son intention d'entrer en relation plus étroite avec eux en leur donnant de nouveaux noms. Il est à noter que Dieu donne également son nom à Isaac (Genèse 18.21) et change celui de Jacob en Israël après qu'il se soit montré digne de ce titre.

But. Cette leçon fait partie d'une série d'incidents qui devraient impressionner l'enfant par la foi dans la vérité des paroles de Dieu, qui sont finalement vérifiées, même si au début elles semblent souvent impossibles à réaliser, et plus particulièrement par la foi dans l'élection d'Israël par Dieu.

Suggestions au professeur. Il y a deux difficultés principales à surmonter lors de l'enseignement de ce chapitre ; premièrement, que la morale est si abstraite, toute l'histoire telle que nous l'avons interprétée étant conçue comme un aperçu du fonctionnement de la providence dans l'histoire d'Israël et du monde, et deuxièmement, que les incidents dépendent des relations familiales d'un un genre qu'un enfant, avec son ignorance des faits sexuels, ne peut pas facilement comprendre.

La première de ces difficultés peut être largement surmontée en accordant beaucoup plus d'importance qu'on n'en accorde habituellement à l'aspect humain et personnel de l'histoire, en particulier au désir d'Abram d'avoir un fils et à ses déceptions répétées avant la réalisation finale de la promesse que Dieu lui a faite ; et un peu de tact peut également surmonter la deuxième difficulté. Pour montrer comment ces deux difficultés peuvent être résolues, il sera nécessaire ici de raconter une grande partie de l'histoire telle qu'elle peut être racontée à une classe d'enfants âgés de sept à huit ans. Après avoir parlé de la promesse de Dieu à Abram de faire de sa postérité une grande nation aussi nombreuse que les étoiles du ciel et de la joie d'Abram à l'idée d'avoir un fils qui deviendra après lui le père de ce grand peuple, l'instructeur pourrait continuer en quelque sorte comme suit :

Mais les années passèrent et Abram et Saraï vieillissaient déjà, et pourtant Dieu n'avait pas tenu sa promesse faite à Abram de lui donner un fils dont les enfants et les petits-enfants Il ferait une grande et bonne nation. Et Ah !

comment Abram voulait avoir un fils. Lorsqu'il voyait les enfants de ses voisins jouer avec leurs yeux brillants et leurs visages rieurs, il pensait : « *Si seulement j'avais un petit enfant comme celui-là, comme je serais heureux et quel plaisir ce serait de le voir grandir et fort ! Comme je remercierais Dieu pour un tel fils et comment j'apprendrais à mon petit garçon à remercier Dieu, à l'aimer et à lui obéir et à être gentil et bon envers tous les gens comme Dieu veut que nous le soyons afin qu'à travers lui et ses enfants et les enfants des enfants, toutes les nations de la terre seraient bénies.* " Et il faisait souvent part de ses souhaits à Saraï et ils essayaient de se réconforter et l'un rappelait à l'autre la promesse de Dieu et disait : " *Nous devons être patients. Dieu nous a promis un fils et en son temps il nous en enverra un.* " Mais un jour, une idée vint à Saraï. Elle pensa : « C'est peut-être ma faute si Abram n'a pas d'enfants. Dieu a promis un fils à Abram mais il ne m'a fait aucune promesse. Peut-être que si Abram épousait quelqu'un d'autre, Dieu permettrait à Abram d'avoir un fils de cet autre. épouse." Saraï avait une servante qui s'appelait Agar, et elle dit à Abram d'épouser Agar aussi, car à cette époque les hommes avaient souvent plus d'une femme. Et Abram fit ce que Saraï lui avait suggéré et, sûrement, peu de temps après leur mariage, on dit à Agar que dans quelques mois, elle donnerait naissance à un enfant à Abram. Maintenant, vous penseriez, mes enfants, n'est-ce pas, qu'après que Saraï ait été si gentille envers sa servante Agar et l'ait laissée épouser Abram, Agar aimerait Saraï pour cela et lui montrerait de la bonté en retour. Mais Agar se montra alors très méchante. Elle ressentait un orgueil insensé parce que Dieu allait lui donner un fils et n'en avait pas donné à Saraï et elle lui disait : « Tu vois, tu es mariée à Abram depuis de nombreuses années et pourtant Dieu ne lui a pas donné d'enfants de toi. , mais je n'ai été mariée que récemment avec lui et maintenant je vais bientôt lui donner un fils. Cela ne montre-t-il pas que Dieu m'aime plus que vous ? Cela ne montre-t-il pas que je suis meilleur que vous ? Pensez-vous que je le ferai ne serais -je plus ton serviteur ? Non, en effet, je suis non seulement aussi bon que toi, mais meilleur. Lorsque Saraï entendit ces paroles jour après jour, elle fut profondément attristée et en colère et elle se plaignit à Abram, et Abram dit à Agar qu'elle devait continuer à servir Saraï comme avant. Mais quand Saraï voulut obliger Agar à faire son travail, elle s'enfuit et s'enfuit dans le désert.

Ce qui précède suffira à montrer comment les difficultés que nous mentionnons peuvent être surmontées. Les passages en italique suggèrent comment donner à l'enfant le sentiment que la naissance d'Isaac faisait partie d'un plan divin pour le bien du monde. Cela peut être encore plus clairement mis en évidence par la dernière partie du récit dans laquelle Dieu rejette Ismaël comme un « âne sauvage d'homme ». L'enseignant doit expliquer cela très clairement à la classe en demandant : « Pensez-vous que ce garçon Ismaël dont Dieu savait qu'il serait sauvage et méchant était celui à qui Dieu voulait dire lorsqu'Il a dit à Abram qu'il aurait un fils qui allait être une bénédiction pour le monde entier ? » Il doit également souligner l'affection d'Abram pour

Ismaël, ce qui l'a amené à le prendre pour le fils de la promesse, car Abram ne connaissait probablement pas la prophétie concernant l'avenir d'Ismaël. Cela donnera à l'enfant l'idée contenue dans le récit selon laquelle « Il y a de nombreux desseins dans le cœur d'un homme, mais le conseil du Seigneur est valable ».

CHAPITRE IX

ABRAHAM DIVERTIT LES ANGES
Genèse 18.1 à 16

Interprétation. Ces versets ont donné beaucoup de difficulté aux anciens commentateurs hébreux. Le premier verset contient une déclaration de l'apparition de Dieu à Abraham mais ne donne aucun contenu à cette révélation, puis les trois anges sont introduits dans le récit comme si une autre révélation était ici prévue. De plus, le nombre d'anges qui sont apparus à Abraham alors qu'un seul aurait pu également servir à cet objectif présentait également une difficulté, puisque les théologiens chrétiens, reliant ce verset au précédent, ont essayé de l'utiliser comme argument en faveur de la trinité. Il y a en outre dans ces versets de fréquents changements de nombre difficiles à expliquer. Ainsi au verset 3, Abraham s'adresse aux anges au singulier, au verset 4 au pluriel. Au verset 9, on lit *va-yomeru* « Et ils dirent » tandis que le verset 10 qui semble être une suite de cette conversation commence *va-yomar* « Et il dit ». Au verset 13, Dieu lui-même entre soudainement dans la conversation. Une comparaison avec d'autres parties de la Bible dans lesquelles des anges apparaissent montre qu'eux aussi présentent des particularités de style similaires. [2]

L'étude de ces passages montre les traits caractéristiques suivants de la conception biblique des anges qui aideront à éclaircir les difficultés de notre texte. L'ange, comme son nom l'indique en hébreu et en anglais, est le messager de Dieu. Dans la mesure où il existe uniquement pour accomplir les ordres de Dieu, ses paroles sont les paroles de Dieu et peuvent être introduites par les mots « Dieu a dit » ainsi que par « l'ange (ou les anges) ont dit ». Cela explique l'apparente incohérence dans l'utilisation du singulier et du pluriel dans notre passage. L'ange n'a aucun pouvoir discrétionnaire, comme le montre la déclaration d'Exode 23.21, selon laquelle l'ange ne peut pas pardonner le péché. Dans la mesure où il n'a pas de personnalité individuelle ni de volonté propre mais est simplement une manifestation de la volonté de Dieu, il n'a pas de nom propre, le nom étant une marque d'individualité, mais porte le nom de Dieu, qui étant un mystère, il ne peut pas révéler. [3] (Genèse 32. 3. Exode 23. 21. Juges 13. 18.) Cette idée de l'impersonnalité des anges est poussée plus loin par les rabbins, qui insistent sur le fait qu'aucun ange n'exécute jamais plus d'un message et d'un récit. pour le nombre d'anges qui sont apparus à Abraham en assignant à chacun une mission distincte ; un pour prédire à Abraham la naissance d'Isaac, un autre pour sauver Lot et un troisième pour détruire Sodome. Mais une telle explication n'est guère nécessaire car il existe d'autres passages de la Bible où un certain nombre d'anges sont mentionnés sans raison claire, comme par exemple dans le rêve de Jacob. Quant à la difficulté que nous avons trouvée dans les versets un et deux, elle peut maintenant être rendue claire en comprenant l'apparition des anges dans le verset deux comme l'explication de la révélation mentionnée dans le verset un.

En ce qui concerne la signification des anges en général, nous pouvons considérer les récits de leurs apparitions comme destinés à l'auteur biblique pour transmettre son appréciation du mystère de la manière dont Dieu peut communiquer avec les mortels sans perte de sa majesté divine. Ils transmettent certainement une partie de cette appréciation à l'enfant, car l'imagination des enfants, malgré leur tendance naturelle à concevoir Dieu en termes anthropomorphiques, est impressionnée par ces mystérieux hérauts d'un royaume invisible par le sens de la majesté du règne de Dieu.

But. Cet épisode a toujours été utilisé, et à juste titre, pour impressionner l'élève en lui faisant comprendre cet intérêt courtois pour l'étranger et cette attention déférente envers ses besoins et ses désirs qui constituent la véritable grâce de l'hospitalité, mais une valeur éducative tout aussi importante. Peut-être que du point de vue de l'enfant, le plus important est son pouvoir de lui faire comprendre les mystérieuses possibilités de ce monde, dans lequel tout étranger de passage que nous recevons peut se révéler être un ange déguisé. qui se révélera à nous et nous bénira si nous ne le détournons pas de notre porte. L'histoire doit laisser à l'enfant le sentiment exprimé dans l'exclamation : « Est-ce que quelque chose est trop difficile pour le Seigneur ? L'enseignant ne doit bien entendu pas perdre de vue ni permettre à l'enfant de perdre de vue le lien de l'histoire avec le thème principal de la naissance d'Isaac, dont nous avons déjà souligné la signification dans la leçon précédente.

Suggestions au professeur. C'est une histoire dont la valeur éducative ne serait perdue qu'en analysant sa morale, comme la beauté d'une fleur est détruite en la démontant pour montrer sa structure. Racontez l'histoire simplement et, autant que possible, dans le langage de la Bible elle-même. Veillez à donner à l'histoire son cadre pittoresque caractéristique et commencez donc par comparer les conditions modernes de logement et de voyage avec celles de l'époque d'Abraham, établissant ainsi un point de contact avec l'expérience actuelle de l'enfant. Les faits suivants doivent être imprimés à l'enfant :

1. Que la vie nomade d'Abraham, qui était aussi la vie menée par beaucoup de ses contemporains, nécessitait qu'il habite dans une tente qui pouvait être dressée là où il voulait s'installer,

2. Que les déplacements se faisaient en grande partie à pied sur du sable chaud ou des pierres,

3. Que les voyageurs n'étaient pas sûrs d'obtenir de la nourriture à intervalles réguliers, et

4. Que c'était par conséquent une grande gentillesse de leur offrir repos et rafraîchissement.

Après cette introduction, racontez comment Abraham vit un jour trois voyageurs fatigués sur la route s'approcher en direction de sa tente et les invita à se reposer, à se rafraîchir et à prendre de la nourriture. Ensuite, d'une manière qui donnerait à penser que vous confiez à la classe un grand secret, dites-leur que ces hommes qu'Abraham avait invités n'étaient pas vraiment des hommes mais des anges de Dieu.

L'incident du rire de Sarah lorsque l'ange délivre son message puis niant qu'elle avait ri ne doit pas être omis car il apporte une touche humaine intéressante à l'histoire et plus encore car il donne lieu à la réponse de l'ange qui contient la morale du histoire : « Quelque chose peut-il être trop merveilleux pour Dieu ? Il n'est pas nécessaire de passer sous silence les prévarications de Sarah et certainement pas d'y accorder une importance excessive, mais l'incident doit être raconté de telle manière que ses motivations soient claires. Dis, par exemple ; « Or, comme vous le savez, Sarah était très vieille, si vieille qu'elle se croyait trop vieille pour avoir un petit bébé, et lorsqu'elle entendit, derrière le rideau de la tente, l'ange dire à Abraham que dans un an elle aurait dû un fils, elle a ri, tout comme vous ririez si je vous disais qu'un rosier aurait des roses au milieu de l'hiver. Mais l'ange dit à Abraham : "Pourquoi Sarah rit-elle ? Y a-t-il quelque chose que Dieu ne puisse pas faire ?" Alors Sarah eut honte et dit : « Je n'ai pas ri. » Mais l'ange dit : « Non, mais tu as ri et Sarah eut plus honte que jamais, car elle savait qu'elle n'avait pas dit la vérité, et elle n'en dit pas plus. "

CHAPITRE X

LA DESTRUCTION DE SODOME ET GOMORRAH
Genèse 18.7 à 19.29

Interprétation. L'incident de la destruction de Sodome et Gomorrhe, comme celui de la destruction de la génération du déluge, est conçu comme une affirmation de la justice de Dieu. L'insistance sur la justice de Dieu est rendue plus catégorique par la reconnaissance du fait que ses dispensations sont telles qu'elles peuvent parfois nous amener à remettre en question sa justice. C'est pourquoi Abraham s'écrie : « Le juge du monde entier ne rendra-t-il pas justice ? on ne lui reproche pas sa présomption, mais, au contraire, Dieu semble préférer son attitude à celle qui accepterait l'injustice apparente avec une résignation complaisante, et Dieu ne dédaigne pas de se justifier auprès d'Abraham dans le même esprit que le Livre. de Job le représente comme préférant les accusations blasphématoires de Job aux pieuses apologétiques de ses amis. (Job 42. 7.)

Le crime particulier assigné comme exemple de la méchanceté de Sodome était une forme d'immoralité dont les étrangers étaient les victimes particulières. L'offre de Lot de livrer ses filles aux hommes de Sodome au lieu des étrangers n'était pas seulement motivée par le sens de l'obligation d'hospitalité, mais aussi par la considération du degré différent d'immoralité impliqué dans les deux actes. Il va sans dire que le crime spécifique des hommes de Sodome ne peut être expliqué aux enfants autrement que comme une disposition à abuser des étrangers, l'antithèse de l'attitude d'Abraham et de Lot à leur égard et, dans la mesure où la nature du crime ne peut être enseigné, la proposition de Lot de substituer ses filles aux étrangers ne peut être enseignée puisque cet acte apparaîtrait alors comme une tentative de remédier à une injustice en en commettant une autre.

But. Cette leçon apporte plus d'une morale à l'enfant. Le style du plaidoyer d'Abraham pour Sodome et Gomorrhe est un très bel exemple de dévotion dans la prière et devrait affecter l'attitude de l'enfant dans la prière. La leçon d'hospitalité enseignée dans le récit qui précède est encore accentuée par le contraste entre l'accueil des étrangers par Abraham et par Lot, élevé dans la maison d'Abraham, d'une part, et par les habitants de Sodome, d'autre part. . Ce contraste entre le caractère d'Abraham et celui des habitants de Sodome devrait faire appel à l'orgueil juif de l'enfant en tant que descendant d'Abraham, orgueil dont nous avons eu l'occasion de souligner précédemment la valeur. La transformation de la femme de Lot en statue de sel est une excellente leçon sur la valeur d'une obéissance prompte et sur le danger de l'hésitation et d'une curiosité démesurée.

Suggestions au professeur. En enseignant le plaidoyer d'Abraham pour Sodome et Gomorrhe, ne vous contentez pas de donner la substance de la prière d'Abraham, mais assimilez et transmettez complètement l'esprit révérencieux contenu dans des phrases d'introduction telles que "Voici maintenant, j'ai pris sur moi de parler au Seigneur, qui ne suis que Dieu". poussière et cendres, peut-être, etc. "Oh, que le Seigneur ne se fâche pas et je parlerai", et encore: "Que le Seigneur ne se fâche pas et je ne parlerai que cette fois". Afin que cette partie de la leçon affecte l'attitude de l'enfant dans la prière, parlez de la supplication d'Abraham comme d'une prière en disant « Alors Abraham a prié, etc. », plutôt que simplement « Alors Abraham a dit », mais ne faites pas, bien sûr, faire une dissertation sur la prière ; laissez l'enfant dessiner sa propre morale.

En racontant la réception des anges à Sodome, il est bon de souligner le contraste entre la manière dont les hommes de Sodome traitaient les étrangers et la manière dont Abraham et Lot les traitaient. L'accusation des hommes de Sodome : « Celui-ci est venu séjourner et il devra jouer le rôle de juge » est un bel hommage involontaire à la supériorité morale de Lot et doit être citée. L'image finale du verset 28 ne doit pas être omise car elle souligne le lien entre Abraham et ces événements et fournit, pour ainsi dire, un tableau final à l'histoire.

Une description de la région palestinienne de la mer Morte, accompagnée d'une bonne image montrant sa désolation actuelle, pourrait fournir une bonne conclusion à la leçon. Les questions suivantes testeront la compréhension de l'enfant de la morale de l'histoire :

1. Comment notre père Abraham traitait-il les étrangers ? Comment Lot ? Où Lot a-t-il appris à toujours être gentil avec les étrangers ? Comment les habitants de Sodome traitaient-ils les étrangers ?

Pourquoi Dieu voulait-il détruire Sodome et Gomorrhe ? Quand Dieu a dit à Abraham qu'il détruirait Sodome et Gomorrhe, Abraham était-il heureux ou désolé ? Qu'est ce qu'il a fait? Pouvez-vous répéter sa prière ?

Qu'est-ce que les anges ont dit à Lot et à sa famille de ne pas faire ? Est-ce qu'ils ont tous obéi ? Pourquoi la femme de Lot a-t-elle regardé en arrière ? Que lui est-il arrivé parce qu'elle n'a pas obéi ?

CHAPITRE XI

LE DIVORCE D'HAGAR
Genèse 20 et 21

Interprétation. L'incident enregistré au chapitre 20 est destiné à montrer le soin exercé par Dieu pour préserver la pureté de la graine choisie, mais il ne peut pas être enseigné aux enfants en raison de leur ignorance des faits sexuels. Les versets 21 du chapitre 21 jusqu'à la fin du chapitre peuvent être omis car ils n'offrent rien d'intéressant pour l'enfant.

Pour l'interprétation du thème principal de ce chapitre, voir les pages d'introduction 19-20 et le chapitre VIII. Il convient de noter que le choix d'Isaac par Dieu ne signifie pas que sa providence ne s'étend pas également sur Ismaël. Non seulement la vie d'Ismaël est sauvée, mais la promesse de Dieu à Abraham concernant Ismaël est tenue ainsi que sa promesse concernant Isaac.

But. Le but de cette leçon est pratiquement le même que celui du chapitre VIII : inspirer la foi dans l'intérêt providentiel de Dieu pour les affaires humaines en général et pour la destinée d'Israël en particulier. L'enfant n'a pas besoin de comprendre toutes les implications du récit au moment où on lui l'enseigne, mais si on l'enseigne correctement, l'histoire fera son impression et il les comprendra plus complètement plus tard. Le fait que Dieu entende la voix d'Ismaël devrait suggérer à l'enfant la valeur de la prière et ainsi influencer sa vie immédiate.

Suggestions au professeur. Avant de commencer le récit de cette histoire, rappelez aux enfants, par des questions bien orientées , l'histoire antérieure des relations d'Abraham, Sarah, Agar et Ismaël, telles que nous les avons expliquées au chapitre VIII. Soulignez ensuite les complications que la naissance d'Isaac a introduites puisque Dieu avait promis qu'Isaac serait le fils qui hériterait de la bénédiction d'Abraham ainsi que de la possession de la terre promise, et d'Ismaël, qui commençait maintenant à grandir dans le " âne sauvage d'homme", selon la prophétie qui avait précédé sa naissance, lui contesterait cela. Il devint donc nécessaire qu'Agar et Ismaël soient renvoyés après la naissance d'Isaac. Dans la mesure où l'idée d'héritage et l'idée de destin national sont trop abstraites pour les enfants, le récit doit être adapté à leur compréhension en le plaçant sur un plan plus personnel un peu comme suit :

"Or, quand Agar vit que Dieu avait également donné un fils à Sara comme l'ange l'avait promis et que ce fils Isaac et non son propre Ismaël était celui à qui Dieu avait dit à Abraham qu'il donnerait le pays de Canaan et dont les enfants seraient les grand peuple juif, elle devint jalouse et détestait beaucoup Sarah et même son petit bébé, Isaac. Et Ismaël aussi, qui était maintenant devenu un grand garçon sauvage - vous vous souvenez que l'ange avait dit qu'il serait un homme sauvage quand il serait grand " - était aussi jalouse d'Isaac. Et Agar essaya de persuader Abraham de donner à son fils une partie de ce pays de Canaan que Dieu avait promis à Isaac. Maintenant Sarah vit tout cela et elle savait qu'il ne serait pas bon qu'Isaac grandisse ensemble. avec cet Ismaël sauvage et méchant et elle a donc dit à Abraham d'envoyer Agar et son fils dans un autre pays où ils ne pourraient pas faire de mal à Isaac que Dieu avait choisi pour être le père du peuple juif. [4]

En conclusion de l'histoire, on pourrait intéresser l'enfant en lui disant qu'il existe aujourd'hui des descendants d'Ismaël vivants qui, comme nous, se sentent fiers de descendre d'Abraham, et en décrivant certaines des habitudes des Arabes bédouins, leur vie nomade, leur occupation pastorale similaire. à celui des patriarches et aussi à leurs querelles tribales et à leurs fréquents raids de pillage qui justifieraient encore la prophétie : « Sa main sera contre tout homme et la main de chacun contre lui », mais il faudrait en toute justice dire que cela n'est pas vrai. du grand nombre d'Arabes qui se sont installés dans des communautés plus civilisées. Une image des Bédouins des temps modernes intéresserait la classe et contribuerait à donner une idée de la réalité au récit biblique.

CHAPITRE XII

LE SACRIFICE D'ISAAC
Genèse 22.1 à 19

Interprétation. L'histoire de la *'Akedah* , c'est-à-dire le sacrifice prévu d'Isaac, représente l'épreuve suprême à laquelle la foi d'Abraham a été soumise. Après qu'Ismaël ait été renvoyé et qu'Isaac ait été définitivement déclaré fils de la promesse, Dieu ordonne à Abraham de sacrifier Isaac. Le test de la foi d'Abraham n'est pas simplement sa volonté de sacrifier ses sentiments et son affection pour obéir à Dieu, mais ce dernier commandement est une contradiction directe avec les paroles précédentes de Dieu à son égard et pourtant il obéit.

L'histoire ne peut être pleinement comprise qu'à la lumière des coutumes religieuses de l'époque d'Abraham, selon lesquelles les sacrifices humains n'étaient pas rares. (Voir II Rois 3. 27, également 21. 6, 23. 10 et Jérémie 32. 35.) Vu sous cet angle, le fait que Dieu ait demandé à Abraham de sacrifier son fils ne signifiait rien qui, pour un contemporain d'Abraham, aurait semblé essentiellement incompatible avec l'ordre divin. personnage. C'est le fait que Dieu interdit la consommation de cet acte qui constitue l'innovation, de sorte que cette leçon enseigne sous forme narrative la même idée qui reçut plus tard sa formulation légale dans Lévitique 18. 21 et 20. 2-5. Le chapitre a donc un double message ; (1) que pour être les élus de Dieu, nous devons être disposés à sacrifier tout désir personnel et même toute affection naturelle pour lui obéir, et (2) que la volonté de Dieu, à laquelle il prétend obéissance, est bienveillante et ne fait pas exiger ou désirer des sacrifices humains.

L'idée selon laquelle Dieu ne désire pas le sacrifice humain a été une grande découverte morale et ce récit de notre Bible nous donne une illustration intéressante de la manière dont naissent ces nouvelles idées spirituelles en général ; à savoir par la volonté de nous engager complètement dans la vision de la vérité qui est la nôtre à ce moment-là. C'est parce qu'Abraham était disposé à sacrifier Isaac conformément à son sens antérieur de ce que son devoir exigeait de lui, que cette nouvelle révélation de la volonté de Dieu, par opposition au sacrifice humain, lui fut accordée. S'il avait, tout en partageant avec ses contemporains la croyance en la légitimité du sacrifice humain, hésité à se montrer à la hauteur de cette idée lorsqu'elle impliquait de souffrir pour lui-même, on ne lui aurait jamais fait comprendre que Dieu ne désire pas de sacrifice humain. Nos normes morales sont toujours imparfaites, mais seuls ceux qui s'engagent sans réserve à respecter les normes qu'ils appliquent réellement sont les découvreurs de nouvelles vérités morales.

Le rôle joué par Isaac dans l'incident n'est que vaguement suggéré dans le récit biblique. Les élaborations *agadiques de l'histoire représentent fréquemment* Isaac comme sachant quel sort lui était réservé et y acquiesçant pleinement. La question suggère qu'Isaac avait probablement des appréhensions : « Voici le feu et le bois ; mais où est l'agneau pour l'holocauste ? » En tout état de cause, il devait savoir quel était le dessein d'Abraham à son égard lorsqu'il était lié à l'autel et, comme le récit ne fait état d'aucune protestation, la conception rabbinique du rôle joué par Isaac n'est pas contradictoire avec le récit biblique. L'enseignant est donc justifié de raconter l'histoire d'une manière qui impliquerait qu'Isaac s'est prêté volontairement aux desseins d'Abraham à son égard.

En remplaçant Isaac par le bélier, on a un aperçu de la signification du sacrifice animal. Cela signifiait probablement pour les anciens une expression symbolique de la reconnaissance que Dieu avait le droit d'exiger le sacrifice de la vie humaine à son service et que c'était un signe de son amour et de sa grâce qu'une telle exigence ne soit pas faite. Cela suggère le rôle important que le sacrifice animal a joué dans l'histoire pour détourner l'humanité de l'habitude du sacrifice humain.

But. Le but de cette leçon est de faire sentir à l'enfant qu'en tant que fils d'Abraham, son amour pour Dieu doit être tel que, comme Abraham, il doit être prêt à faire tout sacrifice que sa religion peut exiger de lui. L'association traditionnelle du *shofar* de Roch ha-Shanah avec le bélier de l'Akedah suggère que cette histoire peut être utilisée pour donner un sens à la célébration du Nouvel An.

Suggestions au professeur. Le pathétique de ce récit est si profond et intense que de nombreux enseignants, travaillant selon l'idée si courante de nos jours selon laquelle les enfants devraient être élevés uniquement dans ce qui est joyeux et brillant et tenus loin de la connaissance des aspects les plus tragiques de la vie. la vie, j'aimerais renoncer à l'enseigner aux enfants. Ainsi, lorsque le programme scolaire leur impose de l'enseigner, ils racontent l'histoire de la manière la plus factuelle possible et semblent désireux de s'en remettre. C'est cependant une erreur, car les enfants ont toujours eu un penchant pour les histoires contenant quelque chose de tragique, voire d'étrange et d'inquiétant, comme en témoigne la popularité du Petit Chaperon Rouge, et l'histoire de l'Akedah en est une qui peut, par C'est précisément pour cette raison que notre esprit moderne semble étrange, qu'elle imprègne l'imagination de l'enfant. Le passer sous silence, c'est gâcher ce qui est sans aucun doute le point culminant de toute l'histoire d'Abraham et ignorer l'une des meilleures occasions d'impressionner profondément l'enfant avec la leçon de foi, d'obéissance et de sacrifice de soi .

Commencez la leçon en parlant de l'amour d'Abraham pour Isaac, maintenant le fils unique qui lui reste, et de l'espoir qu'il nourrissait de le voir devenir un grand homme selon la promesse de Dieu. Racontez ensuite comment Dieu a décidé de tester l'obéissance d'Abraham en voyant s'il serait prêt à abandonner ce qu'il aimait le plus si cela lui était ordonné. Avant de parler du commandement de Dieu de sacrifier Isaac, rappelez à l'enfant la coutume répandue du sacrifice d'animaux dont il avait entendu parler à propos de Caïn et de Noé. Le fait de la prévalence générale du sacrifice humain à cette époque ne devrait pas être enseigné à l'enfant car il lui serait impossible de comprendre une telle pratique et que l'histoire ne gagnerait en force pour lui qu'en faisant paraître extraordinaire l'exigence de Dieu envers Abraham. Nous n'avons pas à craindre que nous violions la morale biblique dans ce cas, puisque la dénonciation du sacrifice humain par la Bible n'est pas une morale dont l'enfant a besoin. Une référence au sacrifice animal suffira donc à faire comprendre l'ordre de sacrifier Isaac. Toute la conversation de cette histoire devrait être citée dans le langage de la Bible, sans omettre la question pathétique d'Isaac : « Voici le feu et le bois ; mais où est l'agneau pour l'holocauste ? Et la réponse évasive d'Abraham : « Dieu se procurera lui-même l'agneau pour l'holocauste, mon fils ». En racontant comment Isaac était lié à l'autel, soulignez le fait qu'il ne s'est pas rebellé bien qu'il savait maintenant qu'il devait être le sacrifice, en raison de son obéissance à Dieu et à son père et de sa confiance en eux. Lorsque vous racontez comment le bélier a été trouvé attrapé par ses cornes dans les buissons, demandez : « Combien d'entre vous ont déjà vu des cornes de bélier ? Il n'y aura probablement aucune réponse. Montrez ensuite à la classe un *shofar* ou une photo de celui-ci et demandez : « Qu'est-ce que c'est ? La réponse sera « un *shofar* ». Continuez ensuite ; "Eh bien, un *shofar* est la corne d'un bélier. Lorsque nous entendons sonner le *shofar* à Roch ha-Shanah, cela devrait nous rappeler ce bélier et comment Abraham était prêt à sacrifier Isaac et Isaac était prêt à être sacrifié lorsque Dieu l'ordonnait, et nous devrions penser à la façon dont nous, qui sommes les fils d'Abraham et d'Isaac, devons aussi être disposés à obéir à Dieu et à nos parents en tout, même si cela devait être très difficile de le faire, même si cela devait nous coûter la vie. Afin de s'assurer que l'enfant a compris les motifs de l'histoire, les questions suivantes peuvent être posées en la relisant : 1. Quand Dieu a demandé à Abraham de sacrifier Isaac, voulait-il vraiment qu'il tue son fils ? 2. Pourquoi Dieu a-t-il demandé à Abraham de sacrifier Isaac ? 3. Quand Abraham a attaché Isaac à l'autel, Isaac s'est-il rebellé contre son père ? Lorsque nous entendons sonner le *shofar* à Roch ha-Shanah, à quoi devons-nous penser ?

CHAPITRE XIII

MORT DE SARAH ET MARIAGE D'ISAAC ET REBEKAH
Genèse 23 et 24

Interprétation. L'incident de l'achat de la grotte de Machpelah ne doit être mentionné qu'avec désinvolture en relation avec la mort de Sarah, car les questions politiques impliquées dans le dialogue entre les *Bene Heth* et Abraham dépassent la compréhension de l'enfant. [5]

Le soin apporté au choix d'une épouse pour Isaac parmi ses propres parents plutôt que parmi les filles de Canaan souligne encore une fois l'intérêt de la Providence dans la sélection de la souche dont le peuple élu devait être issu. Le serviteur d'Abraham – vraisemblablement Eliezer, qui est mentionné dans Genèse 15.2 – n'a pas été autorisé à faire sortir Isaac de Canaan car cela aurait été équivalent à un abandon de sa mission historique qui était liée à la Terre promise. Les qualités de l'épouse idéale pour Isaac suggérées dans la prière d'Éliézer sont significatives : la gentillesse et l'hospitalité.

But. La valeur de cette leçon pour l'enfant, outre son lien avec le thème plus général de la sélection par Dieu de la semence dont doit naître le peuple élu, réside dans l'exemple de foi en Dieu et de fidélité à sa confiance manifesté par le serviteur d'Abraham. , et de la gentillesse et de la considération manifestées par Rébecca, que la sympathie de l'enfant pour les personnages de l'histoire le conduirait naturellement à imiter.

Suggestions au professeur. En suivant de près le récit biblique, vous n'aurez aucune difficulté à le transmettre à l'enfant. Lorsque vous racontez la mort de Sarah, insistez un moment sur ses vertus, puis expliquez le souci d'Abraham que son fils Isaac ait une épouse telle que Sarah l'avait été, une femme qui serait digne d'être la mère de la grande nation que Dieu avait promise. descendrait d'Isaac. Racontez ensuite comment, ne trouvant pas une telle épouse parmi ses voisins, Abraham l'envoya dans le pays d'où lui et Sarah étaient venus. Expliquez le refus d'Abraham de laisser Isaac aller en Mésopotamie parce que Dieu avait dit à Abraham de quitter cet endroit et avait promis qu'en Canaan il ferait de sa postérité une grande nation. Insistez sur la longueur et la difficulté du voyage, en indiquant l'itinéraire sur la carte si les enfants sont en âge d'interpréter une carte.

CHAPITRE XIV

LA VENTE DU DROIT D'ANAISSANCE
Genèse 25.1 à 34

Interprétation. (Les chapitres 25. 1 à 10 peuvent être omis car ils ne contiennent rien d'intéressant pour les enfants, sauf que la mort et l'enterrement d'Abraham doivent être mentionnés.)

L'histoire de Jacob et d'Ésaü dans leur lutte pour le droit d'aînesse et la bénédiction est souvent mal comprise. La tendance à idéaliser les ancêtres de la race a conduit de nombreux enseignants à tenter de justifier la conduite de Jacob dans ses efforts pour obtenir le droit d'aînesse et la bénédiction, ignorant totalement le fait que toutes les conséquences misérables qui ont suivi naturellement sa tentative semblent être indiquent que Dieu n'a pas approuvé. Ces conséquences seront discutées dans les chapitres suivants. D'autres enseignants pèchent dans la direction opposée et présentent Ésaü comme la victime innocente de la ruse et de l'avarice de Jacob. Comment peuvent-ils concilier cela avec le choix de Jacob d'être le patriarche plutôt qu'Ésaü, comment peuvent-ils concevoir que la volonté de Dieu puisse confirmer l'acte de Jacob et que la main de la Providence soit, pour ainsi dire, forcée à bénir Jacob bien qu'Esaü soit le plus digne de bénédiction, est difficile à comprendre. L'erreur commune à ces deux versions du sens biblique de l'histoire est qu'elles la considèrent principalement comme une étude de personnages de deux types contrastés, alors que la morale de l'histoire ne réside pas tant dans les personnages que dans les incidents, qui, lorsqu'on y prête une attention plus particulière, ils révèlent que le motif qui sous-tend toute l'histoire n'est pas la lutte personnelle entre Jacob et Ésaü mais la réalisation du plan de Dieu, contenu dans sa promesse à Abraham, le plan de faire exister le peuple à qui Il est destiné. devait se révéler. Et cette idée est mise en évidence, comme dans l'histoire de la relation d'Abraham avec Ismaël et Isaac, en comparant les desseins des agents humains avec le dessein de Dieu et en montrant comment le dessein de Dieu est amené à triompher en façonnant les incidents de la vie de Jacob de telle sorte qu'ils corrigez l'idée fausse initiale de Jacob sur sa mission.

Voyons comment les incidents de ce chapitre éclairent notre thème. Notons en premier lieu la prophétie contenue dans Genèse 25.23 qui indique d'avance que Jacob et non Ésaü était destiné dès le début à être l'héritier de la bénédiction d'Abraham. Notez également que la prophétie parle de « deux nations » et de « deux peuples », montrant clairement que les événements du récit ont été façonnés par Dieu en vue de l'histoire ultérieure et non seulement de la vie de Jacob et d'Ésaü en tant qu'individus. Le fait même que

« l'aîné servira le plus jeune » met l'accent sur l'élection divine de Jacob, car, selon la loi et la coutume de l'époque, l'aîné avait droit à l'obéissance et au service du plus jeune. Si Jacob avait été l'aîné des deux frères, sa prééminence ultérieure et celle de ses descendants n'auraient semblé que faire partie du cours naturel des événements et n'auraient pas soutenu l'élection divine, mais avec Ésaü, le premier-né, l'élévation ultérieure de Jacob le prouve. .

Ceci, ainsi que bien d'autres choses dans l'histoire, devient plus clair pour nous si nous comprenons ce que signifiait le droit de naissance. À l'époque patriarcale, le père était le maître absolu de ses descendants. A sa mort, le fils aîné prit sa place et hérita, comme plus tard, d'une part de la succession deux fois plus importante que n'importe lequel de ses autres fils. (Voir Deutéronome 21.17.) Mais ce n'est pas tout ce qui était impliqué dans le droit d'aînesse. Si tout cela avait été le cas, le désir de Jacob n'aurait été que de l'avarice et de l'ambition et aurait justifié la condamnation totale que lui ont adressée de nombreux enseignants. Mais il faut rappeler que le premier-né était aussi le chef religieux de la tribu. (Voir Nombres 3.45.) Il était donc très naturel pour Jacob de supposer que la promesse de Dieu à Abraham, avec toutes ses implications spirituelles, allait naturellement avec le droit d'aînesse.

Examinons maintenant les personnages tels qu'ils apparaissent dans ce chapitre. Ésaü n'est pas le méchant accompli qu'il est si souvent décrit comme étant dans *l'agada juive ultérieure* . Mais d'un autre côté, il n'est pas le héros blessé. L'histoire le caractérise comme un chasseur habile , intéressé par son artisanat du bois et se souciant peu des privilèges ou des responsabilités de son droit de naissance. Pour Jacob cependant, l'héritage de la bénédiction d'Abraham était important, peut-être que la connaissance de la prophétie qui avait précédé sa naissance le rendait encore plus important. Ésaü avait perdu son droit moral à la bénédiction parce qu'il ne l'appréciait pas. Il ne faut pas trop insister sur les paroles d'Esaü : « Voici, je suis sur le point de mourir et quel profit me fera le droit d'aînesse ? car ceux-ci doivent être considérés non pas comme une déclaration de fait sobre mais comme l'exagération d'un homme affamé, car la Bible prend la peine d'expliquer l'attitude d'Ésaü dans les mots : « Et il mangea et but et se leva et partit. Ainsi Ésaü *méprisa son droit d'aînesse* ", montrant qu'il était à l'époque parfaitement satisfait du marché qu'il avait conclu. Cela enlève à Jacob la stigmatisation d'avoir imposé le marché à Ésaü alors que ce dernier ne pouvait s'en empêcher. Il a simplement profité du mépris d'Ésaü pour le droit d'aînesse, ce qui était une preuve suffisante qu'il n'était pas digne de le posséder. En même temps, l'emploi par Jacob de ces moyens pour garantir le droit d'aînesse ne semble pas, comme cela apparaîtra plus clairement dans les chapitres suivants, rencontrer l'approbation divine, car (1) cette tentative d'arracher le droit d'aînesse à Ésaü en profitant de la faiblesse d'Ésaü en soi, cela démontre un manque de confiance totale dans la réalisation de la

promesse de Dieu, en d'autres termes, un manque de cette qualité de *temimut*
, d'acceptation naïve de la volonté de Dieu, qui était un trait si évident du
caractère d'Abraham, et (2) parce qu'il ne comprend pas pleinement le
caractère spirituel de sa mission dans la mesure où il considère sa réalisation
comme dépendante du statut juridique du droit de naissance, qu'il pourrait,
pensait-il, obtenir par achat.

But. Le but de cette leçon est d'enseigner la vérité générale selon laquelle
un privilège qui n'est pas apprécié devient perdu, et la vérité particulière selon
laquelle être juif, c'est posséder un tel privilège, que nous devons apprendre
à apprécier.

Suggestions au professeur. Avant de commencer le récit de ce chapitre
lui-même, préparez le chemin par des questions qui feront ressortir le fait de
l'élection d'Abraham et de ses descendants et le choix que Dieu a exercé en
sélectionnant parmi ses descendants uniquement ceux qui étaient dûment
qualifiés. Ces questions sont les suivantes : « Vous souvenez-vous, lorsque
nous en apprenions davantage sur Abraham et comment Dieu lui avait dit de
quitter son pays et d'aller dans le pays qu'il lui montrerait, que Dieu avait fait
à Abraham une promesse ? Quelle était cette promesse ? (Remarque : la
réponse doit être inclure l'idée que ses descendants formeraient une grande
nation, une bénédiction pour le monde entier, et hériteraient de Canaan.)
Lorsque notre père Abraham est mort, cette bénédiction est-elle allée à ses
deux enfants, à Ismaël et à Isaac ? la bénédiction appartient? "

Après avoir ainsi préparé le chemin, procédez comme suit :

"Or Isaac et Rébecca eurent aussi deux enfants. Le premier-né ou le plus
âgé s'appelait Ésaü et le plus jeune Jacob, et on savait qu'un seul des deux
devait hériter de la bénédiction, mais pendant longtemps on ne sut lequel. ".

Comparez ensuite les deux personnages en mettant l'accent sur les
prouesses physiques d'Ésaü, qui lui ont valu l'admiration plus universelle et
la préférence de son père, avec la prévenance tranquille de Jacob. Afin
d'impressionner l'enfant, le contraste doit être donné en grande partie en
termes d'apparence physique. Nous continuons le récit tel qu'un enseignant
pourrait le raconter en classe :

"Ces deux fils, Ésaü et Jacob, étaient très différents l'un de l'autre. Ésaü
était un homme grand et fort, d'apparence rude et poilue, qui aimait toutes
sortes de sports et d'exercices, notamment la chasse. Les gens l'admiraient
pour son grand force et habileté et la plupart d'entre eux pensaient que cet
homme grand et fort était sûrement celui que Dieu avait choisi pour être le
père de son peuple. Et Isaac lui-même aimait Ésaü plus que Jacob, parce que,
maintenant qu'Isaac vieillissait, Esaü chassait pour lui de la nourriture dans
la forêt et lui racontait de merveilleuses histoires sur sa force et son habileté

à attraper les cerfs et autres gibiers qu'il lui préparait pour se nourrir. Mais Jacob était très différent. Il n'était pas au-dessus de la moyenne des hommes de la forêt. Il n'avait aucune force particulière pour chasser comme Ésaü. C'était un homme tranquille, qui restait assis pendant des heures dans sa tente, pendant que ses troupeaux paissaient à proximité et réfléchissait aux choses qu'il avait apprises de son père et de sa mère et de son grand-père Abraham, sur la façon dont Dieu avait créé le monde et sur la façon dont il avait dit à Abraham de quitter son pays et d'aller dans un nouveau pays et, surtout, sur la promesse que Dieu avait faite à Abraham de faire de sa descendance un des gens formidables. Lequel de ces deux fils d'Isaac et de Rébecca Dieu avait-il choisi pour devenir le père du peuple juif ? La plupart des gens, sans aucun doute, pensaient à l'époque qu'il s'agissait d'Esaü, parce qu'il était le plus fort et celui qui avait le plus de succès dans la chasse, mais il y avait une personne qui pensait différemment, et c'était la mère de ces deux jeunes hommes, Rébecca. Car elle se souvenait d'une prophétie que Dieu lui avait dite avant la naissance de l'un ou l'autre des deux enfants, et cette prophétie disait : « Deux nations naîtront de toi et deux peuples naîtront de toi et l'un sera plus fort que l'autre, mais le l'aîné servira le plus jeune.

La prophétie est introduite ici plutôt qu'au début de l'histoire car elle est bonne pour stimuler la curiosité de l'enfant quant à savoir lequel des deux doit recevoir la bénédiction d'Abraham avant de lui donner une quelconque indication sur la réponse. En commençant ainsi par énoncer la question, l'attention de l'enfant est immédiatement dirigée vers le thème central du récit sans lequel l'incident de la vente du droit d'aînesse n'est pas compréhensible. Mais maintenant, nous nous trouvons face à face avec le sujet du droit de naissance lui-même. Expliquez qu'outre la force et l'habileté d'Ésaü, il y avait une autre raison pour laquelle les gens pensaient qu'Ésaü devait être le fils choisi, et c'est parce qu'il était l'aîné, car c'était la coutume à cette époque que le fils aîné jouisse de ce qui était connu. comme le droit de naissance. L'idée du droit d'aînesse peut être expliquée en disant qu'à l'époque dont nous parlons, le père était le roi de tous ses enfants, de leurs familles et de leurs serviteurs, qu'il les conduisait à la guerre et jugeait tous leurs différends. temps de paix, et qu'il était aussi leur prêtre, qui accomplissait pour eux les sacrifices et les conduisait dans leurs prières et leurs hymnes à Dieu, mais qu'à la mort du père, le fils aîné obtenait tous ces droits et ce droit de le fils aîné qui devient prêtre et roi après la mort du père est connu sous le nom de droit d'aînesse.

Une fois que l'enfant a une idée claire de la signification du droit d'aînesse, racontez comment Jacob pensait que celui qui avait le droit d'aînesse était celui que Dieu voulait faire à la tête de la grande nation dont il avait parlé à Abraham, puisque celui qui avait le droit d'aînesse le ferait. soyez roi et prêtre sur tous les autres après la mort d'Isaac. Je continue le récit tel que le professeur pourrait le raconter :

" Alors Jacob n'arrêtait pas de penser : « Si seulement j'avais le droit d'aînesse ! Si seulement j'avais le droit d'aînesse ! » mais Ésaü, qui avait le droit d'aînesse, semblait s'en soucier très peu : tant qu'il y avait assez de gibier dans la forêt pour l'occuper à chasser, il ne se souciait guère de ce qu'il ferait quand, à la mort d'Isaac, il devrait gouverner le peuple et le conduire au service de Dieu, et la promesse faite à Abraham qu'un jour ses descendants deviendraient une grande nation le concernait encore moins, car il ne pensait qu'aux affaires du jour et à l'avenir. il n'y a pas réfléchi du tout."

Cela nous amène au point culminant du récit, la vente effective du droit d'aînesse. Il faut le raconter de telle manière que l'enfant comprenne qu'Ésaü a perdu son droit d'aînesse parce qu'il ne savait pas comment l'apprécier, et que, en tant que proposition universelle, un privilège non apprécié est perdu. La meilleure façon d'y parvenir est de présenter un cas hypothétique, avant de raconter l'histoire de la vente du droit d'aînesse, comme suit :

"Supposons, les enfants, qu'un homme possède un livre très précieux qu'il veuille laisser à sa mort à l'un de ses deux enfants, et supposons que l'un de ses enfants soit un grand amateur de livres et que l'autre ne se soucie même pas de regarder. pour lire un livre ou pour prendre la peine d'apprendre à lire, lequel des deux enfants, selon vous, aurait dû avoir le livre après la mort de son père ? Bien sûr, celui qui connaissait la valeur du livre et comment l'apprécier, car nous ne méritons que ce que nous savons apprécier. Maintenant, à votre avis, qui aurait dû avoir le droit d'aînesse, Ésaü, qui ne se souciait pas d'être le père du grand peuple que Dieu avait promis de faire de la descendance d'Abraham, ou Jacob qui s'en souciait ? ? (Réponse : Jacob.) Eh bien, Jacob le pensait aussi et il a donc commencé à planifier comment il pourrait amener Ésaü à lui céder son droit d'aînesse.

En citant le dialogue entre Ésaü et Jacob, paraphrasez les paroles d'Ésaü au verset 32 de manière à montrer clairement qu'elles sont une expression de mépris pour le droit d'aînesse : « J'ai tellement faim que je pourrais mourir. Que m'importe le droit d'aînesse ! "

Après avoir raconté l'histoire, interrogez les enfants pour voir s'ils en comprennent les idées directrices. Les questions suivantes sont suggestives :

Quelle promesse Dieu a-t-il faite à Abraham et à Isaac ?

Cette promesse était-elle destinée aux deux enfants d'Isaac ?

Selon vous, lequel des enfants d'Isaac Dieu voulait-il recevoir la bénédiction promise ? Pourquoi? (Remarque : si l'enfant donne la mauvaise réponse, l'enseignant doit poser un certain nombre de questions suggestives jusqu'à ce que la bonne réponse soit obtenue.)

Que signifie le droit de naissance ? Qui avait le droit d'aînesse au début de notre histoire ? Esaü se souciait-il beaucoup du droit d'aînesse ? Jacob le voulait-il ? Pourquoi Jacob le voulait-il ? Qu'a fait Jacob pour obtenir le droit d'aînesse ?

Cette leçon se prête facilement à une dramatisation par les enfants. (Voir Introduction, page 31.)

CHAPITRE XV

JACOB OBTENIT LA BÉNÉDICTION
Genèse 26.1 à 28.9

Interprétation. Dans la première partie de cette leçon qui traite de la vie d'Isaac, Genèse 26.3 est significatif car il met l'accent sur l'idée de la Palestine comme terre choisie, une idée qui est d'autant plus significative qu'elle suggère que la fuite de Jacob du pays impliquait qu'il avait d'une manière ou d'une autre, il a perdu la faveur de Dieu et que sa fuite était en réalité une forme d'exil qui lui était imposé à titre de punition et de discipline. Les versets 7 à 12 doivent nécessairement être omis. Leur signification générale est la même que celle de Genèse 20. La patience et l'indulgence d'Isaac à l'égard des puits suggèrent une comparaison avec Abraham dans ses relations avec Lot.

En ce qui concerne l'incident de l'obtention de la bénédiction par Jacob, nous avons déjà discuté dans le dernier chapitre de la signification du thème principal de cette histoire. Quelques éléments nouveaux entrent cependant ici en jeu. L'un d'eux est l'aveuglement d'Isaac, qui, en le rendant plus dépendant d'Ésaü, l'empêche de réaliser les qualifications supérieures de Jacob pour devenir héritier de la bénédiction d'Abraham. Un autre élément nouveau qui entre dans l'histoire est le mariage d'Ésaü avec les deux femmes hittites « qui étaient une amertume d'esprit pour Isaac et Rébecca ». Cela donne un motif supplémentaire pour l'action de Rébecca en essayant d'assurer le droit d'aînesse sur Jacob, puisque autrement Rébecca deviendrait, à la mort d'Isaac, soumise à Ésaü et à ses femmes. Il met en outre l'accent sur le fait qu'Ésaü ne devait pas être le père de la postérité choisie, puisque, dans le cas de tous les patriarches , on veille à ce que leurs femmes soient également de la postérité choisie, de la même souche qui a produit la patriarches eux-mêmes. Genèse 27.33 est significatif, en particulier les mots « oui, et il sera béni », car ils impliquent la reconnaissance par Isaac que, bien que la bénédiction ait été assurée à Jacob par une tromperie, elle n'en était pas moins une indication du dessein de Dieu, et qu'il avait jusqu'ici eu tort de vouloir conférer la bénédiction à Ésaü. La même pensée est impliquée dans son acceptation de la suggestion de Rébecca selon laquelle Jacob chercherait une épouse parmi ses parents et dans sa répétition à cette occasion de la bénédiction : « Qu'il te donne la bénédiction d'Abraham », etc. cela ne veut pas dire que la Bible approuve la tromperie pratiquée par Rébecca et Jacob. Bien au contraire. Le seul effet immédiat est que Rébecca doit perdre Jacob ; que Jacob, au lieu d'entrer immédiatement en possession de la terre et du droit d'aînesse, est un fugitif et un exilé ; que, comme nous le verrons dans les chapitres suivants, l'espoir de Rébecca concernant le retour rapide de

Jacob ne se réalise pas ; et que, comme cela apparaîtra également plus tard, il y a un grand danger que Jacob reste en Aramée et oublie totalement sa destinée jusqu'à ce que la Providence l'oblige à se souvenir.

Les circonstances relatées dans ce récit telles que nous les avons expliquées sont significatives en raison de ce qu'elles ont à nous enseigner concernant la mission d'Israël en tant que peuple élu. En premier lieu, cela implique l'idée, que nous avons souvent soulignée auparavant, que le dessein de Dieu à l'égard de son peuple n'est pas pleinement réalisé par lui. Ceci est démontré dans notre leçon par le fait que les patriarches sont représentés comme agissant d'une manière qui tendrait à aller à l'encontre du dessein de Dieu à leur égard, comme, par exemple, lorsqu'Isaac faillit donner la bénédiction à Ésaü et lorsque Jacob, par le moyen qu'il choisit d'obtenir la bénédiction, est contraint de fuir la Terre promise dont il devait hériter. Il s'agit d'un correctif très important à l'arrogance que la foi en l'élection divine est susceptible d'apporter, car cela contredit l'hypothèse selon laquelle le peuple juif est infaillible. De plus, cette histoire implique l'idée que lorsqu'Israël ne conçoit pas correctement sa mission, il faut lui apprendre, par la discipline des difficultés et de la souffrance, comme dans le cas de Jacob, que l'élection ne signifie pas l'immunité de punition mais, au contraire, une responsabilité plus stricte, comme l'exprime Amos : « Je ne connais que vous de toutes les familles de la terre ; c'est pourquoi je visiterai sur vous toutes vos iniquités ». (Amos 3.2.)

But. On ne s'attend pas à ce que l'enfant comprenne toutes les implications de ce récit, mais elles ne lui échapperont pas toutes, et si l'histoire est bien racontée, sans idéalisation excessive des personnages ni distorsion du récit au nom de la lecture d'une morale. dans celui-ci, l'histoire s'imprimera suffisamment sur lui pour gagner un sens supplémentaire à mesure qu'il y reviendra dans les années suivantes. C'est une erreur de croire qu'une morale qui n'est pas formulée n'est pas nécessairement apprise.

Cependant, pour le bénéfice immédiat de l'enfant, il est bon de mettre l'accent sur la punition de la tromperie de Jacob afin de lui inculquer l'idéal de véracité. Mais il faut faire très attention afin de ne pas rendre Jacob si antipathique qu'Ésaü devienne le héros de l'histoire, car cela déformerait la morale biblique et donnerait lieu à un malentendu que l'élève ne corrigera probablement pas plus tard dans sa vie. Il doit toujours être clair que Jacob avait le droit de vouloir et d'attendre la bénédiction, mais qu'il aurait dû faire confiance à Dieu pour la lui donner et n'aurait pas dû essayer de l'obtenir par la tromperie.

Suggestions au professeur. Dans la mesure où la morale de cette histoire dépend de la compréhension des motivations sur lesquelles les personnages agissent, prenez un soin particulier à rendre votre imitation dramatique des personnages aussi réaliste que possible et à ne pas retarder le mouvement de l'intrigue par une longue moralisation. Cette histoire, comme la précédente de la vente du droit d'aînesse, se prête très bien à une dramatisation par la classe, et la réussite des enfants à assumer les rôles des différents personnages sera un excellent test de votre réussite dans la transmission de l'histoire. .

Même s'il faut éviter de moraliser de manière à interrompre le fil du récit, la complexité même des motivations des personnages donne une bonne occasion de poser des questions qui nécessiteraient l'exercice d'un jugement moral de la part de la classe. comme par exemple : Jacob avait-il raison d'essayer d'obtenir la bénédiction de son père en profitant de sa cécité ? Jacob a-t-il été puni pour avoir trompé son père ? Comment? etc. Mais même si l'enseignant peut soulever ces questions, elles ne doivent pas rester des questions ouvertes. La morale biblique doit être gardée clairement à l'esprit et présentée de manière convaincante ; sinon, de telles questions ne font que développer une attitude casuistique de la part de la classe, ce qui est moralement mauvais.

CHAPITRE XVI

LE RÊVE DE JACOB
Genèse 28.10-22

Interprétation. L'histoire du rêve de Jacob, pour être clairement comprise, doit être considérée en relation avec le reste de la vie de Jacob. Sa vie peut être divisée en trois périodes. Durant la première période, passée dans la maison de son père, il s'efforce par ses propres efforts, en partie par des moyens sans scrupules, d'obtenir le droit d'aînesse et la bénédiction, de sorte qu'au lieu d'avoir la prééminence sur Ésaü, il doit fuir devant lui, au lieu d'hériter. de la Terre Promise, il en est exilé, et au lieu de devenir le père d'un grand peuple, il devient soumis à la tribu que son grand-père Abraham avait reçu l'ordre de quitter.

La deuxième période de la vie de Jacob embrasse sa demeure à Aramée . Durant cette période, ses premières ambitions deviennent de plus en plus lointaines et irréelles. D'abord l'amour, puis l'éducation de sa famille et le dur labeur au service de Laban détournent son esprit de ses ambitions antérieures, et c'est en référence à cette période qu'on nous dit : « Un Araméen errant était mon père ». (Deutéronome 26.5.) Mais juste au moment où il semblait que l'espérance concernant son avenir, qu'il avait d'abord essayé en vain de réaliser et qu'il avait ensuite presque abandonné, était complètement perdue, Dieu intervient pour l'envoyer de nouveau dans son pays. .

La troisième période de sa vie le trouve en possession incontestée de la terre, la prophétie de sa jeunesse s'étant réalisée, bien que d'une manière très différente de ses anticipations de jeunesse quant à son accomplissement.

Or le rêve de Jacob à Beth El est significatif en raison de sa situation au début de la deuxième période de sa vie, pendant laquelle il oublie de plus en plus sa mission. Il est destiné à informer le lecteur que, même si Jacob pouvait oublier, Dieu ne le ferait pas et que, même si les maladresses de Jacob ne pouvaient pas lui garantir le droit d'aînesse et la bénédiction, Dieu pouvait les lui garantir même s'il en désespérait.

But. Le but de cette histoire devrait être d'impressionner l'enfant avec le sentiment de la providence vigilante de Dieu sur nos ancêtres et sur nous, et avec le désir d'exprimer son appréciation de cette tutelle divine dans l'adoration. Cette histoire offre une excellente occasion pour inciter les enfants à dire une prière au coucher et au lever, montrant ainsi une opportunité pour l'enfant d'appliquer la leçon dans sa vie quotidienne.

Suggestions au professeur. Commencez par comparer le sentiment de confort de l'enfant lorsqu'il se couche dans sa propre chambre, dans son propre lit, avec sa mère qui tire la couverture sur lui et toute la famille à proximité, avec ce qu'il ressentirait si la nuit le surprenait. un désert solitaire sans personne à part peut-être des bêtes sauvages, et il dut s'allonger sur le sol avec une pierre comme oreiller. Après cette description, donnez le sens de l'histoire que vous souhaitez enseigner, comme suit : « Et pourtant, même si tu devais dormir seul dans le désert, tu ne serais pas vraiment seul, car Dieu est toujours avec nous et nous voit même même si nous ne le voyons pas, et il prend soin de nous, comme le montrera l'histoire que je vais vous raconter.

Continuez ensuite avec l'histoire de Jacob, en mettant l'accent sur son humeur désespérée lorsqu'il quitte Beer Sheba, sa peur d'Ésaü, son chagrin de se séparer de ses parents et de son foyer, sa déception de devoir quitter le pays que Dieu avait promis à Abraham et Isaac et aux le sentiment d'avoir échoué après tout à garantir le droit d'aînesse, ainsi que les dangers physiques et les terreurs du désert. Racontez ensuite comment Jacob s'est couché dans le désert pour dormir, et comment Dieu, qui le surveillait tout le temps et avait eu pitié de lui, lui envoya un beau rêve pour le réconforter. La promesse de Dieu dans les versets 13, 14, 15 devrait être citée dans un langage biblique, tout comme l'exclamation de Jacob : « Certainement, l'Éternel est dans ce lieu ; et je ne le savais pas... ce n'est autre que la maison de Dieu, et ceci est la porte du ciel". La conduite de Jacob en réservant le lieu pour le culte et son vœu devraient également être notifiés. La signification du nom Beth El doit être enseignée aux enfants et son emplacement indiqué sur la carte.

Lorsque l'histoire a été racontée et répétée par la classe, demandez : « Combien d'entre vous, quand vous vous couchez ou quand vous vous levez le matin, pensez à la façon dont, pendant que vous dormez, Dieu veille sur vous et veille à ce que rien de mal ne devrait vous arriver ? Dites-vous une prière à Dieu lorsque vous vous couchez ou lorsque vous vous levez pour montrer que vous savez qu'Il prend soin de vous et que vous Le remerciez pour cela ? Que dites-vous lorsque vous vous couchez ? Quand tu te lèves?" Plusieurs enfants devraient être interrogés à ce sujet, car chaque enfant qui récite ses prières voudra être entendu et devra être encouragé. Il peut être demandé aux enfants de mémoriser en hébreu et en anglais le verset שׁוֹמֵר יִשְׂרָאֵל הִנֵּה לֹא יָנוּם וְלֹא יִישָׁן "Voici, Celui qui garde Israël ne dort ni ne dort" et il lui est demandé d'en faire une partie de sa prière nocturne.

CHAPITRE XVII

JACOB EN ARAMÉE
Genèse 29.1 à 31.54

Interprétation. La signification générale de cette période dans la vie de Jacob a déjà été évoquée. Notez que lorsque, après avoir accompli son mandat auprès de Léa et Rachel, il songe à retourner chez lui, la suggestion d'un nouveau contrat avec Laban le satisfait et il reste, tant est désormais lointaine l'idée de son droit d'aînesse. Et pourtant, grâce à un travail persistant et persévérant, il parvient à une certaine mesure de pouvoir et d'influence et à la dignité patriarcale. Il est intéressant de noter la justice poétique qui fait de lui, à cette période de sa vie, la victime du genre de tromperie qu'il avait lui-même pratiqué . Néanmoins , malgré la tromperie exercée par Laban, Jacob reste scrupuleusement fidèle à sa part du contrat et purge les sept années supplémentaires pour Rachel bien qu'il aurait pu être tenté de se dérober, car il avait été payé d'avance. (Voir Genèse 29.27 à 30.) Certes, il n'a aucun scrupule à tirer pleinement parti de sa maîtrise supérieure de l'art du berger dans ses relations avec Laban, mais il n'avait certainement aucune obligation envers lui après le traitement qu'il avait reçu de lui. On omet naturellement, en enseignant cette leçon aux enfants, Genèse 29.31 à 30.24, sauf que les élèves devraient apprendre les noms des enfants de Jacob en raison de leur importance en tant que chefs de tribus. L'incident du vol des *téraphim* peut également être omis car l'absence de connaissances positives sur ce qu'étaient les *téraphim* et sur le rôle qu'ils jouaient dans la vie religieuse de nos ancêtres nous empêche de rendre justice à cet épisode.

But. Cette leçon, ainsi que celles qui la précèdent et la suivent, sont bien calculées pour faire comprendre à l'enfant l'avantage supérieur d'un travail honnête et fidèle sur la ruse et la tromperie. Cela a déjà été enseigné négativement dans les leçons précédentes à travers l'échec de Jacob à atteindre ses fins par la tromperie. Cela est enseigné dans cette leçon à la fois négativement et positivement ; négativement par le fait que Jacob ressent ce que signifie être trompé, et positivement par le fait que lorsque Jacob, malgré la tromperie pratiquée sur lui, continue de rendre un service fidèle, il a finalement la possibilité de revenir et de réclamer le droit d'aînesse. L'idée de véracité est encore renforcée par l'exemple de Dieu en rachetant sa promesse faite à Jacob à Beth El.

Suggestions au professeur. Avant de commencer cette leçon, revoyez brièvement ce qui précède, en soulignant le changement d'attitude de Jacob depuis son rêve à Beth El, en particulier sa résolution de ne pas tenter d'obtenir le droit d'aînesse par sa propre ruse, mais de s'appuyer sur la promesse de Dieu et d'essayer de vivre correctement dans le monde. présent, faisant confiance à Dieu quant à l'avenir. L'incident de Jacob soulevant la pierre du puits pour aider Rachel à abreuver le troupeau devrait être dûment souligné car les enfants de cet âge sont intéressés par les tours de force. L'aspect romantique de l'amour de Jacob pour Rachel n'a pas besoin d'être souligné car il échappe à l'enfant. En racontant le service de Jacob en tant que berger auprès de Laban, essayez de donner à l'enfant une idée de ce qu'était réellement le travail d'un berger, comment il l'exposait à toutes sortes de conditions météorologiques, comment il devait protéger ses brebis contre les bêtes sauvages, comment il devait puisez-leur de l'eau, pour les tondre, etc., afin que le service de Jacob à Laban pendant toutes ces années ait une certaine signification pour eux. Comme les enfants ont des idées très particulières sur la durée, essayez de donner une idée de la durée de sept ans en demandant à l'un des enfants quel âge il a, puis en expliquant que sept ans est probablement plus long que tout le temps qu'il a passé. je peux me souvenir. Expliquez également comment le temps semblait plus court à Jacob en raison de son bonheur d'être avec Rachel en faisant référence à la propre expérience de l'enfant quant à la rapidité avec laquelle le temps passe lorsqu'il s'amuse à jouer. Pour souligner la persévérance de Jacob, parlez de la tromperie de Laban, puis demandez : « Maintenant, si vous aviez travaillé dur pour une chose pendant sept longues années et que vous en étiez ensuite trompé, que penseriez-vous de cela ? Ensuite, soulignez la morale comme suit :

"Jacob aussi se sentait très en colère et n'aimait pas du tout travailler encore sept ans pour ce qui aurait dû lui être donné à juste titre. Mais sans aucun doute, la pensée lui vint à l'esprit, après tout, étais-je meilleur que Laban ? N'ai-je pas trompé mon père Isaac à me donner la bénédiction alors qu'il voulait la donner à Ésaü, tout comme Laban m'a trompé ? Peut-être que c'est la manière de Dieu de me punir. Je dois être patient et travailler encore sept ans comme je l'ai promis à Laban même si cela sera dur et désagréable, et alors peut-être que Dieu me laissera rentrer chez moi et me bénira comme Il l'a promis. »

CHAPITRE XVIII

JACOB RETOURNE À CANAAN
Genèse 32 à 35

Interprétation. Notez le contraste significatif entre le départ de Jacob de Canaan et son retour. Lorsqu'il partit, il était nominalement et dans sa propre estime le détenteur du droit d'aînesse et de la bénédiction, qu'il avait obtenus grâce à ses propres efforts et qui, selon lui, lui donnaient droit à la possession de Canaan et à la prééminence sur Ésaü. En réalité, cependant, il n'avait rien gagné et était un fugitif devant Ésaü et un exilé du pays. A son retour, il ne formule aucune exigence, reconnaît Ésaü comme souverain, est prêt à lui rendre hommage et à l'apaiser par des cadeaux, et ne prie Dieu que pour qu'il soit délivré de la vengeance d'Ésaü. Et pourtant, nous le retrouvons à la fin de cet épisode, du fait de sa victoire sur Sichem et du départ d'Esaü vers Séir, en possession effective de la Terre promise et dirigeant reconnu d'un clan désormais important.

Cependant, avant d'aborder sa destinée plus illustre, il doit être mis à l'épreuve et expier l'abandon de sa mission lors de sa fuite du pays en conséquence de ses efforts pour arracher le droit d'aînesse et la bénédiction d'Ésaü. Cette épreuve est indiquée par sa lutte avec l'ange à la frontière même de la Terre promise, lutte dont il ne sort pas indemne. Il est difficile de dire exactement ce que l'auteur biblique a voulu exprimer par cette lutte de Jacob avec l'ange. Elle est parfois interprétée par les enseignants et les prédicateurs comme une représentation allégorique d'une lutte purement subjective dans le cœur de Jacob, mais une telle explication est extrêmement tirée par les cheveux. L'épisode suggère une comparaison avec l'incident enregistré dans Exode 4. 24-26 et semble impliquer que la consécration à une tâche élevée implique de s'exposer au danger, si, de quelque manière que ce soit, on n'est pas pleinement qualifié pour la tâche. Tant que Moïse n'a pas assumé la tâche de conduire les enfants d'Israël hors d'Égypte, son échec à circoncire ses enfants peut être négligé, mais une fois qu'il a assumé cette tâche, il est menacé de mort pour ne pas l'avoir fait. De même, lorsque Jacob est sur le point d'entrer dans le pays promis dans la bénédiction de son père et confirmé dans la vision de Beth El, lui aussi se retrouve face à face avec un adversaire divinement mandaté. Sa victoire sur l'ange est symbolique de son succès à se qualifier enfin pour sa mission, comme cela est implicite dans le changement de son nom en Israël avec l'explication de sa signification, "Car tu as lutté avec Dieu et avec les hommes et tu as prévalu". Dans la mesure où il n'est pas question ici d'une quelconque lutte contre les « hommes », l'idée est suggérée que cette victoire est un présage du succès futur du peuple élu, tandis que le rétrécissement du tendon de la cuisse de Jacob suggère que ce succès ne peut être gagné sans souffrance et sacrifice, interprétation fréquemment retrouvée dans le Midrash. Cette représentation de l'expérience d'une nation en termes de celle d'un individu qui en est le fondateur est bien plus conforme à l'esprit de la littérature biblique que la représentation allégorique de vérités abstraites en termes d'événements historiques ou biographiques. Notez à ce propos Osée 12. 3-5 ; " L'Éternel a aussi un différend avec Juda, et il châtiera Jacob selon ses voies, il le récompensera selon ses actes. Dans le sein maternel, il prit son frère par le talon, et par sa force il luttait avec une force semblable à celle de Dieu. étant ; alors il a lutté avec un ange et a vaincu ; il a pleuré et lui a fait une supplication : à Beth El il le trouverait et là il parlerait avec nous". La signification de ces versets est obscure mais il est évident que le prophète rend l'expérience de Jacob typique de celle d'Israël en tant que peuple.

But. Il y a dans cette leçon, comme dans presque toutes celles qui concernent les patriarches, un but lointain et immédiat. Le but lointain est l'impression que les incidents enregistrés feront sur l'élève lorsqu'ils lui seront rappelés à l'esprit plus tard. La morale de l'histoire à cet égard est que l'élection d'Israël n'est pas déterminée par la supériorité inhérente de notre peuple, mais par le dessein de Dieu à son égard et à l'égard de l'humanité, objectif qu'Il accomplit en façonnant leur histoire de manière à ce qu'elle instruise et discipline. à travers la lutte et l'accomplissement et révèle sa volonté à leur égard et à leur place dans le monde. Mais cette morale est trop abstraite et trop complexe pour l'enfant et doit seulement être gardée à l'esprit par l'enseignant afin qu'il ne donne pas la leçon d'une manière qui obscurcirait plus tard le véritable sens de l'histoire, comme, par exemple, Ce serait le cas s'il faisait de Jacob, tout au long de sa vie, le héros religieux idéal. La leçon immédiate que l'on peut apprendre à l'enfant à tirer de l'histoire est qu'une humble confiance en Dieu et l'obéissance à sa volonté peuvent réaliser pour nous ce qu'une ruse qui ne craint pas la tromperie ne peut réaliser.

Suggestions au professeur. Commencez cette leçon en rappelant à la classe la promesse que Dieu a faite à Jacob à Beth El. Annoncez ensuite que vous allez raconter comment Dieu a tenu cette promesse. Mais avant de le faire, demandez aux enfants pourquoi Jacob a dû fuir Canaan si Dieu voulait qu'il revienne et règne sur le pays. Posez des questions jusqu'à ce que vous mettiez en évidence le fait que Jacob n'avait pas utilisé les moyens appropriés pour obtenir le droit d'aînesse et la bénédiction. Illustrez par analogie avec la propre expérience de l'enfant l'idée que, parce que Jacob avait tenté d'obtenir le droit d'aînesse et la bénédiction par de mauvais moyens, il a dû en être privé jusqu'à ce qu'il apprenne enfin les moyens appropriés sur lesquels s'appuyer, à savoir la foi en Dieu. Cette pensée pourrait être illustrée ainsi :

Supposons qu'un enseignant promette une récompense à un enfant s'il écrivait une composition sur quelque chose que la classe avait appris pendant sa leçon, et que cet enfant copiait sa composition à partir d'un livre, pensant que de cette façon il obtiendrait la récompense sans avoir à travailler. pour ça. Que ferait le professeur, accepterait-il la composition ? Non, elle lui ferait réécrire avec ses propres mots, et alors, peut-être, s'il l'avait fait *correctement* , le professeur lui donnerait peut-être la récompense. Ainsi, Dieu avait effectivement promis que le fils d'Isaac deviendrait un jour le père d'un grand peuple dans le pays de Canaan, et il voulait que Jacob devienne tel, mais parce que Jacob a essayé d'y parvenir *de la mauvaise manière* , en trompant son père et en trompant son père. Ésaü ne pouvait pas devenir immédiatement le chef de ce peuple en Canaan. Jacob dut donc quitter le pays qui lui avait été promis et travailler dur pendant les vingt années qu'il passa avec Laban, et souffrir de la méchanceté de Laban envers lui, afin qu'il puisse apprendre que s'il voulait la bénédiction de Dieu, il devait être patient et obéissant. et travailler honnêtement et alors Dieu lui donnerait sa bénédiction.

Racontez ensuite l'histoire en mettant l'accent sur la soumission de Jacob à Ésaü et l'humilité de sa prière à Dieu. Ce dernier point peut être mieux mis en évidence en citant la prière dans le langage de la Bible. (Genèse 32, 10 à 13.) En décrivant la lutte de Jacob avec l'ange, n'y lisez pas une morale tirée par les cheveux. Expliquez simplement que Dieu a envoyé un ange pour lutter avec Jacob et que si Jacob pouvait faire en sorte que l'ange le bénisse, ce serait le signe qu'il était assez fort, assez grand et assez bon pour être le père du peuple juif. La bénédiction de l'ange doit être donnée dans un discours direct. En enseignant le changement de nom de Jacob en Israël, attirez l'attention sur le fait que nous, Juifs, sommes parfois appelés Enfants d'Israël ou Israélites parce que nous descendons tous d'Israël.

Ne manquez pas de noter le départ d'Esaü vers le mont Séir, laissant Jacob en possession de la terre promise, et l'accomplissement par Jacob de son vœu à Beth El. Chaque fois que vous vous souvenez de quelque chose d'une leçon précédente, comme dans ce cas, le vœu de Jacob, essayez d'amener les enfants à vous le dire plutôt que de le dire vous-même. Dites par exemple : « Ainsi, nous avons vu comment Dieu a tenu sa promesse faite à Jacob d'être avec lui lorsqu'il était loin de son pays, de le ramener chez lui en toute sécurité et de lui donner, ainsi qu'à ses descendants, le pays de Canaan. , mais est-ce que l'un d'entre vous se souvient de la promesse que Jacob a faite à son réveil après ce merveilleux rêve ? etc.

CHAPITRE XIX

JOSEPH VENDU COMME ESCLAVAGE
Genèse 37

Interprétation. Dans les récits traitant de l'histoire des patriarches, nous avons constamment souligné que le point de vue de l'auteur biblique considérait leur vie comme significative non pas tant en tant qu'histoire personnelle, mais plutôt en tant que préparation à l'existence nationale d'Israël. Dans l'histoire de Joseph, ce point de vue est encore perceptible, bien que l'intérêt principal ait été transféré à l'histoire personnelle de Joseph. Cela se voit dans le fait que la vente de Joseph en Égypte et l'installation de son père et de ses frères à Goshen ne sont pas conçues comme des circonstances fortuites mais comme faisant partie d'un plan divin qui avait déjà été révélé à Abraham. (Genèse 15. 13.) Pourtant, comme nous l'avons dit, l'intérêt principal réside dans la carrière personnelle de Joseph. Ce récit est avant tout une histoire. Ce n'est pas une histoire avec une morale, mais une histoire pleine de morale. Le plus important, du point de vue de l'enfant, est peut-être celui qui pourrait être résumé dans les paroles du psalmiste : « Voyez, comme il est bon et agréable pour des frères de vivre ensemble dans l'unité ! » (Psaumes 133. 1.) Ceci est enseigné négativement dans la première partie de l'histoire et affirmativement dans la dernière. Mais des idées telles que le danger d'une discrimination injuste de la part des parents, le mal du bavardage et de la vantardise, la valeur d'un service honnête et fidèle, la noblesse de la résistance à la tentation dans les circonstances les plus difficiles, et la beauté du pardon et du pardon. la réconciliation ne sont que quelques-unes des nombreuses autres morales enseignées par cette histoire. La partie de la vie de Joseph couverte par ce chapitre montre comment la partialité de Jacob envers Joseph a créé de l'hostilité entre lui et ses frères en éveillant chez eux l'envie et chez lui une certaine vanité et un sentiment de supériorité. Ces caractéristiques de Joseph à cette période de sa vie ne reçoivent aucune attention de la part de la plupart des enseignants des écoles juives en raison de leur tendance à idéaliser tous les héros bibliques, négligeant ainsi la signification évidente de Genèse 37.2, mais l'histoire ne prend tout son sens que lorsque l'on voyez à la fin à quel point Joseph avait complètement survécu à toutes les mesquineries qui lui sont attribuées ici.

Il y a une certaine ambiguïté dans le texte hébreu quant à un point essentiel de l'histoire, à savoir qui a vendu Joseph. Les versets en question se lisent comme suit :

25. Et ils s'assirent pour manger du pain ; Et ils levèrent les yeux et regardèrent, et voici, une caravane d'Ismaélites arrivait de Galaad....

26. Et Juda dit à ses frères : A quoi sert-il si nous tuons notre frère....

27. Venez et vendons-le aux Ismaélites.... Et ses frères l'écoutèrent.

28. Et là passèrent des Madianites, des marchands, qui tirèrent et soulevèrent Joseph de la fosse, et vendirent Joseph aux Ismaélites pour vingt sicles d'argent. Et ils amenèrent Joseph en Egypte....

36. Et les Madianites [6] le vendirent à l'Egypte.

D'après le verset 28, pris isolément, il semblerait que ce ne sont pas les frères de Joseph mais les Madianites qui ont tiré Joseph de la fosse et l'ont vendu aux Ismaélites, et cette théorie est en fait soutenue par certains, qui soulignent que non seulement l'interprétation traditionnelle exigerait un changement de sujet au milieu du verset, qui n'est pas indiqué autrement, mais qui impliquerait l'identification des Ismaélites et des Madianites, ce qui est intenable dans la mesure où Madian était fils d'Abraham et de Ketura et Ismaël fils d'Abraham et d'Agar. (Genèse 25. 1 et 2.)

Mais cette vision n'est pas non plus sans difficultés et, à mon avis, l'interprétation traditionnelle des versets est à préférer. Car les versets 26 à 27 indiquent clairement que le projet de Juda de vendre Joseph rencontra l'approbation de ses frères et nous devrions sûrement nous attendre à une certaine expression de déception de leur part si leur plan avait finalement échoué. Le changement de sujet au verset 28 qu'exigerait l'interprétation traditionnelle ne doit pas nous déranger car un tel changement de sujet n'est pas très inhabituel dans la Bible. (Voir par exemple Genèse 14. 19 à 20, 15. 13, 22. 7.) Quant à l'identification des Madianites avec les Ismaélites, le fait est que les noms raciaux sont parfois étendus pour inclure d'autres races apparentées que l'histoire a mises en contact étroit. Les descendants d'Agar et de Ketura sont ainsi classés ensemble dans Genèse 25.6. Ibn Ezra, dans son commentaire de notre passage, attire en outre l'attention sur le fait que cette même identification des Madianites et des Ismaélites est faite dans Juges 8.24 où Gédéon, après une victoire sur les Madianites, dit : "'Je vous ferai une requête , afin que vous me donniez à chacun les boucles d'oreilles de son butin. Car ils avaient des boucles d'oreilles en or, *parce qu'ils étaient Ismaélites* . » La lecture de Médanites au verset 36 peut être une erreur de scribe pour les Madianites ou vice versa, car la seule différence réside dans l'omission ou l'insertion d'un *jod* .

But. Le but de l'enseignement de cette leçon devrait être de créer chez l'enfant, grâce à sa compréhension sympathique des motifs qui sous-tendent l'action de l'histoire, une appréciation des idéaux moraux dont nous avons montré qu'ils sont contenus dans l'histoire.

Suggestions au professeur. L'histoire de Joseph est une histoire qu'aucun enseignant ne devrait avoir de grandes difficultés à transmettre aux enfants, car elle est une de leurs préférées. Ils l'aiment parce que ses idées sont simples et s'inscrivent pour la plupart dans le cadre de l'expérience d'un enfant. L'attitude des frères de Joseph à son égard n'est pas sans rappeler le ressentiment que les enfants manifestent face à tout signe de favoritisme de la part d'un enseignant, ressentiment qui s'adresse invariablement à "l'animal de compagnie de l'enseignant". L'histoire les séduit également par la rapidité de son mouvement, le changement constant des scènes et des incidents, chacun faisant une nouvelle tentative pour attirer leur attention, et la nature héroïque de l'action, dans laquelle les motivations des personnages, qu'elles soient bonnes ou mauvaises. ne se révèlent pas dans de simples pensées et paroles mais dans des actes.

Il ne pourrait donc y avoir de plus grande erreur que de priver l'histoire de toute sa force en interrompant le flux du récit par une moralisation fastidieuse. L'histoire biblique ne s'arrête pas à la moralisation, mais la morale est suffisamment claire, et il en sera de même pour la classe si l'enseignant raconte son histoire avec le sentiment et l'esprit appropriés.

Mais l'enseignant doit, d'un autre côté, être averti de ne pas considérer comme acquise la compréhension de l'enfant sans l'aide d'une histoire aussi simple que celle-ci. Tout ajout de détails insérés dans le récit en vue d'aider l'enfant à visualiser les incidents racontés est toujours de mise. En racontant comment Joseph a été descendu dans la fosse, parlez de ses cris inefficaces et de ses luttes pour s'échapper, car, bien que les enfants aient une bonne imagination, ils n'ont pas eu suffisamment d'expérience à partir de laquelle leur imagination pourrait reconstituer la situation entière à partir d'une simple allusion ou d'une simple allusion. deux. De même, des mots tels que fosse ou caravane ont besoin d'épithètes ou d'expressions descriptives pour les présenter aux yeux de l'enfant. De plus, les motivations des personnages doivent être explicitées par une référence fortuite à des expériences analogues de l'enfant, comme par exemple :

"Or, quand ses frères virent que Joseph était plus aimé de son père que les autres, ils se mirent très en colère contre lui et au lieu d'essayer de gagner l'amour de leur père pour eux aussi, ils essayèrent de se venger de Joseph, tout comme je J'ai parfois vu des garçons à l'école se mettre en colère contre un de leurs camarades de classe et lui faire toutes sortes de méfaits simplement parce que le professeur lui avait donné des notes plus élevées que les autres qui n'avaient pas eu autant de succès dans leurs cours.

Mais toutes ces comparaisons ne doivent être faites que d'une manière fortuite et en aussi peu de mots que possible, de peur qu'elles ne détournent l'esprit de l'enfant de la tendance principale du récit. Il ne faut pas oublier pour cette leçon l'utilité des images pour aider à visualiser l'histoire, et il existe de nombreuses bonnes illustrations de cette histoire. Une aide encore plus grande pour faire comprendre cette leçon est celle obtenue en permettant aux enfants de la dramatiser et de la jouer, car cela nécessite leur compréhension des motivations des personnages.

CHAPITRE XX

D'ESCLAVE À VICE-ROI
Genèse 39.1 à 41.46

Interprétation. Il n'y a pas de test de caractère plus sûr que la transplantation dans un pays étranger sans espoir de retour et la dégradation dans une couche sociale inférieure sans espoir d'ascension. Car une grande partie de notre force morale vient de la conscience que les yeux des autres intéressés par notre vie sont tournés vers nous, que nous n'osons pas décevoir leurs attentes à notre égard et que nos actes affectent leur bonheur et leur honneur. La personne qui se retrouve seule dans un pays étranger dont elle ne s'attend pas à revenir et dont elle ne s'attend pas à ce que les rumeurs de ses actes parviennent à ses anciens associés doit avoir un caractère de fer pour maintenir sa loyauté aux normes morales de ses anciens associés. environnement face aux nouvelles tentations. Et cela est particulièrement vrai si, en même temps qu'il est transplanté dans un pays étranger, il voit son statut social également réduit. Car l'ambition de s'élever dans son nouvel environnement, d'y obtenir succès et reconnaissance, pourrait être une incitation suffisante pour certains "à mépriser les plaisirs et à vivre des journées laborieuses", mais pour les esclaves d'un nouveau pays, cette incitation fait également défaut. Joseph devait surmonter ces deux épreuves de caractère et il les réussit. Arrivé en Egypte, il ne perd pas de temps à ruminer ses torts mais se met assidûment à l'œuvre de manière à lui gagner la confiance de son maître. Il n'abusera pas de cette confiance même sous les tentations les plus séduisantes et même si sa fidélité aux principes entraîne la perte même de la confiance de son maître en lui et son enfermement conséquent dans la prison royale. Notez que ce qui maintient Joseph pur, c'est le sens de la responsabilité non seulement envers Potiphar, mais, en premier lieu, envers Dieu, de sorte que le fait même qui pourrait conduire les autres au péché, à savoir le fait que Potiphar ne pouvait pas connaître ses méfaits, le fortifie contre le péché. « Il refusa et dit à la femme de son maître : Voici, mon maître, qui m'a, ne sait pas ce qu'il y a dans la maison et il a mis tout ce qu'il a entre mes mains ; il n'est pas plus grand que moi dans cette maison ; il m'a caché tout sauf toi, parce que tu es sa femme. Comment puis-je faire ce grand mal *et pécher contre Dieu* ?'" En prison, il montre les mêmes qualités avec le même résultat de gagner la confiance des gens.

But. Le but de cette leçon est d'inspirer à l'enfant l'exemple de la patience, de la gaieté et de la fidélité de Joseph face aux difficultés, qualités toutes influencées par sa confiance en Dieu.

Suggestions au professeur. Les suggestions faites dans le chapitre précédent s'appliquent également à celui-ci. Aidez l'enfant à visualiser le récit et à rendre plus explicites les sentiments et les motivations des personnages. Discutez, par exemple, de la solitude de Joseph dans ce pays étrange, loin de sa maison et de tout ce qu'il aimait, et contrastez avec ses premiers rêves de règne sur son statut actuel d'esclave. Essayez de donner à l'enfant une idée de ce que signifie l'esclavage, non pas par une définition mais en lui racontant les différents types de travaux que Joseph devait effectuer pour son maître aux champs et à la maison, sans aucun salaire ni heures fixes de repos et de travail, et sous réserve de exigences déraisonnables des maîtres d'œuvre, etc. Faites ensuite remarquer que, même si de nombreuses personnes dans de telles circonstances perdraient leur temps à se plaindre, Joseph avait confiance que Dieu l'aiderait et a décidé de faire le meilleur travail possible.

L'incident de la tentation de Joseph par la femme de Potiphar ne peut, bien sûr, être raconté qu'en termes généraux, l'enseignant racontant comment la femme de Potiphar, qui était une femme très méchante, voulait que Joseph l'aide à faire quelque chose de mal, et il a refusé. Son refus doit être exprimé dans un discours direct et suivre la ligne de pensée générale de Genèse 39.8 à 9, en gardant autant que possible le langage biblique. Lorsque Joseph est jeté en prison, l'enseignant doit à nouveau aider l'enfant à réaliser émotionnellement ce que cela signifiait pour Joseph, après tout son fidèle service envers Potiphar, d'être jeté en prison en raison même de sa fidélité et apprendre à l'élève à admirer la résolution de Joseph de tirez également le meilleur parti de cette situation en faisant preuve de patience et de bonne humeur et en vous intéressant avec sympathie envers les autres prisonniers. Il est bon aussi de faire prendre conscience à l'enfant des contrastes vifs qui sont si nombreux dans cette histoire et qui augmentent grandement son intérêt. Lorsque le majordome du roi, libéré de prison, oublie également Joseph et que le seul espoir d'évasion de Joseph semble voué à une déception totale, Dieu lui donne l'opportunité non seulement de s'échapper mais aussi de son élévation à la vice-royauté. Cela peut être encore souligné en suggérant quelque chose de la pompe et des circonstances de la cour de Pharaon. Je dis suggérer, car le maître ne doit jamais se livrer à une description pure, qui ennuie toujours les enfants. Un adjectif ou une expression descriptive occasionnelle peut tout aussi bien faire le travail. Le récit d'incidents tels que le retrait des vêtements de prison de Joseph et le fait qu'il soit vêtu de lin fin avant d'être admis en présence royale va loin pour souligner le contraste souhaité entre la prison et le palais. De même, la nouvelle dignité conférée à Joseph apparaît plus clairement à l'enfant en lui racontant comment le roi donna à Joseph son anneau et son collier et le fit monter sur le char voisin du sien pendant que tout le peuple s'inclinait devant lui, plutôt que par la description de son nouveau char. fonctions officielles. L'histoire pourrait être résumée et la morale soulignée dans une brève déclaration telle que "Ainsi, le jeune esclave hébreu, grâce à sa fidélité et sa confiance en Dieu, devint le plus haut rang de tous les sujets de Pharaon".

CHAPITRE XXI

JOSEPH RENCONTRE SES FRÈRES
Genèse 41.47 à 42.38

Interprétation. Dans ce chapitre du récit de Joseph, nous découvrons que la Providence a mis entièrement les frères de Joseph entre ses mains ; leur subsistance physique dépend de sa fourniture de maïs, ils sont étrangers en Égypte tant qu'il est le premier ministre de la cour de Pharaon, et, de plus, en raison de son costume et de son discours égyptiens et du changement que les vingt années ont apporté à son Apparemment — il n'avait que dix-sept ans lorsqu'il a été vendu — ils ne peuvent pas le reconnaître et sont donc complètement désemparés quant aux desseins de vengeance qu'il pourrait nourrir. L'intérêt se porte donc sur l'attitude que Joseph adopterait à leur égard.

Comme la Bible nous dit simplement ce que Joseph a dit ou fait, mais pas ce qu'il pensait, nous devons interpréter ses motivations à partir de ses actes et de ses paroles. En conséquence, il semblerait que Joseph ait d'abord des doutes, et il envisage donc de détenir ses frères en prison pendant un certain temps sous l'accusation d'espionnage, estimant que leurs actions sous une telle accusation pourraient donner une idée sur la façon dont il devrait les traiter. eux, et espérant peut-être que le mal de leur sort pourrait éventuellement suggérer le mal qu'ils lui avaient fait. Sa première proposition est que l'un d'eux revienne et ramène Benjamin, qu'il a particulièrement hâte de revoir, mais il décide finalement de les laisser revenir tous sauf un. Il n'est pas déçu à l'idée que leur affliction pourrait suggérer leur péché, comme le montre le dialogue de Genèse 42.21,22, qui lui donne également l'information que Ruben avait épousé sa cause. Il choisit donc comme otage non pas Ruben l'aîné mais Siméon le prochain aîné. Pendant ce temps, il montre sa véritable intention bienveillante en leur donnant le maïs et en rendant secrètement l'argent. Mais même cela inquiète Jacob et ses autres fils car il semble n'être qu'un prétexte pour de nouvelles accusations.

But. L'objet principal de cette leçon est de préparer la voie à la suivante avec sa morale sur la beauté du pardon. Il contient cependant aussi une belle étude de conscience dans la mesure où le malheur des frères de Joseph ravive à la fois le souvenir de leur péché et le leur rappelle sous ses couleurs propres.

Suggestions. Commencez par rappeler les rêves de Joseph pour voir si la classe s'en souvient ainsi que leur signification. Attirez ensuite l'attention sur la pensée des frères de Joseph selon laquelle ils mettaient fin à ses rêves en le vendant aux Ismaélites. "Et pourtant", continuez-vous, "la leçon d'aujourd'hui montrera comment Dieu a réellement réalisé la réalisation des rêves de Joseph." Cela excitera la curiosité des enfants et vous pourrez ensuite raconter l'histoire de la famine et de ses effets. Faites apparaître la famine comme une circonstance providentielle et expliquez sa signification en disant que Dieu, après les sept années d'abondance, n'a pas laissé tomber assez de pluie pour arroser le maïs et le blé, qui se sont flétris de sorte que le peuple n'a plus eu de farine pour cuire le pain, et il n'y avait pas assez d'herbe pour nourrir le bétail, de sorte qu'il n'y avait pas assez de viande, etc. Le terme famine ne serait alors pas une simple abstraction pour l'enfant.

Au moment où Joseph rencontre ses frères et qu'ils ne le reconnaissent pas mais lui les reconnaît, montrez comment le rêve s'est déjà en partie réalisé bien que les frères de Joseph ne l'aient pas réalisé. La principale difficulté du maître sera de faire comprendre clairement aux enfants les motifs de la conduite de Joseph envers ses frères, ce qui est la chose la plus importante de la leçon. Cela peut être facilité en interrogeant les enfants d'une manière qui nécessiterait qu'ils s'imaginent dans la situation de Joseph. Par exemple, on pourrait leur parler ainsi :

« Maintenant, quand Joseph vit ses frères se prosterner devant lui, il se souvint de la cruauté qu'ils avaient eu envers lui, et il pensa à quel point Dieu avait merveilleusement réalisé la réalisation de ses rêves, de sorte que maintenant il avait ses frères en son pouvoir et pouvait les punir. car personne ne remettrait en question les actes d'un vice-roi de Pharaon envers une bande d'étrangers dont personne en Egypte ne se souciait. S'il le voulait, il aurait pu ordonner de les tuer tous, comme ils l'avaient pensé. de lui avoir fait ; ou il aurait pu les vendre tous comme esclaves, comme ils l'avaient effectivement vendu ; ou il aurait pu les mettre tous en prison, comme il avait été détenu en prison en Égypte pendant si longtemps ; ou il aurait pu Si vous aviez simplement refusé de leur vendre du grain, ils seraient morts de faim. Maintenant, que pensez-vous que vous auriez fait si vous aviez été à la place de Joseph ? »

Obtenez un certain nombre de réponses différentes de la classe. Selon toute vraisemblance, les réponses proposeront des sanctions sévères. Donnez ensuite un certain nombre de raisons pour lesquelles Joseph a rejeté ces sanctions plus sévères, telles que 1. parce que ses frères étaient, après tout, ses frères et que nous devrions aimer nos frères, 2. parce que leur punition blesserait son père Jacob et son jeune frère Benjamin. qui étaient innocents, 3. parce que cela affecterait les familles de ses frères ainsi qu'eux-mêmes, 4. parce qu'ils auraient pu changer depuis lors et devenir meilleurs et se sentir désolés pour la façon dont ils l'ont traité, 5. parce que, s'il pouvait trouver des Une façon de leur montrer à quel point ils avaient agi méchamment et à quel point il était néanmoins bon envers eux, cela pourrait leur faire ressentir de la honte et les inciter à être meilleurs. "Mais", continuez votre récit, "bien que Joseph ne veuille pas blesser ses frères, il voulait qu'ils se sentent désolés pour ce qu'ils lui avaient fait, afin qu'ils ne commettent plus jamais une telle chose. Alors il pensa 'Je Je ne vais pas leur dire tout de suite que je suis Joseph leur frère et que je leur pardonne, mais, sans leur faire aucun mal, je vais les effrayer par des menaces et voir si, lorsqu'ils seront eux-mêmes en difficulté, ils le feront. Je ne pense pas au péché qu'ils ont commis et je ne m'en sens pas désolé'". Il faut expliquer le motif de la détention de Siméon comme étant d'assurer le retour des frères avec Benjamin.

En interrogeant la classe sur la leçon, essayez de découvrir si les enfants comprennent les idées sous-jacentes à l'aide de questions telles que celles-ci : Comment se fait-il que Joseph ait reconnu ses frères et qu'ils ne puissent pas le reconnaître ? Pourquoi Joseph ne s'est-il pas immédiatement fait connaître à ses frères ? Pourquoi Joseph leur a-t-il parlé durement et les a-t-il accusés d'être des espions ? Les frères de Joseph savaient-ils qu'il les comprenait lorsqu'ils se parlaient ? Pourquoi pas? Qu'est-ce qu'un espion ? Quand les frères de Joseph pensaient qu'ils seraient traités comme des espions, pour quel acte pensaient-ils que c'était une punition ? Pourquoi Joseph a-t-il gardé Siméon prisonnier ? Pourquoi Joseph a-t-il rendu l'argent de ses frères ? Selon ses frères, quelle était la raison pour laquelle il le rendait ? Pourquoi Jacob ne voulait-il pas laisser Benjamin partir avec ses frères en Égypte ? Il va sans dire qu'il faut raconter l'histoire de telle manière qu'elle contienne une réponse claire à chacune des questions ci-dessus.

Cet épisode a un grand intérêt dramatique et doit être joué par les enfants.

CHAPITRE XII

JOSEPH SE RÉVÈLE À SES FRÈRES
Genèse 43.1 à 45.28

Interprétation. Il n'y a pas grand-chose à dire sur l'interprétation de cette histoire. Sa leçon sur la beauté du pardon et de la réconciliation est si clairement mise en évidence qu'elle ne nécessite aucun autre commentaire. Dans l'attitude de ses frères envers Benjamin, Joseph est capable de mettre à l'épreuve tout changement possible de cœur à son égard. La faveur qu'il témoigne à Benjamin lors du repas qu'il leur avait préparé peut être considérée comme un test pour savoir si l'esprit d'envie règne encore parmi eux, et dans la mesure où ils ne semblent manifester aucune jalousie à cette occasion, ils peut être considéré comme ayant réussi ce premier test. Mais le véritable test survint lorsque Joseph proposa de garder Benjamin comme esclave. A cette occasion, Juda, celui-là même qui avait proposé de vendre Joseph, fait son plaidoyer éloquent en faveur de Benjamin, un discours qui révèle sa profonde sympathie pour le chagrin de son père et son appréciation de ce que la perte de Joseph signifiait pour son père, et le volonté de sacrifier sa propre liberté pour Benjamin, le frère de Joseph, qui avait, en tant que fils de Rachel, pris la place de Joseph dans le cœur de Jacob. Joseph ne pouvait souhaiter aucune autre preuve du changement d'avis de ses frères et il n'est pas étonnant qu'il « ne puisse plus se retenir » plus longtemps.

But. Le but de cette leçon est de donner un noble exemple de la magnanimité du pardon et de la beauté de l'amour filial et fraternel.

Suggestions au professeur. L'histoire de Joseph telle que racontée dans la Bible est si merveilleusement impressionnante par sa simplicité, tant pour l'enfant que pour l'adulte, que le seul conseil que l'on se sent enclin à donner à l'enseignant de cette histoire est de modeler son récit aussi fidèlement que possible. possible sur la base du récit biblique lui-même. Lisez et relisez ces chapitres de la Bible et essayez de découvrir les moyens par lesquels l'auteur biblique produit ses effets sur les émotions du lecteur. Ne laissez pas échapper le pathos de situations telles que celle où Jacob reproche à ses fils d'avoir raconté l'existence de leur frère Benjamin comme s'ils pouvaient prévoir ce qui suivrait cette révélation ; ou lorsque Joseph, confronté à Benjamin, ne peut contrôler ses sentiments et se retire dans une autre pièce pour pleurer ; ou lorsque ses frères, conscients de leur innocence, proposent de donner leur vie si la coupe divinatoire est trouvée dans leurs sacs et qu'ils la retrouvent ensuite, à leur grande consternation, dans le sac de Benjamin ; ou quand Juda, en plaidant auprès de Joseph, mentionne l'effet de la perte de

Joseph sur Jacob ; ou lorsque les frères apportent à Jacob la nouvelle de la gloire de Joseph et qu'il refuse d'y croire jusqu'à ce qu'on lui donne une preuve irréfutable ; et un certain nombre de situations similaires sur lesquelles il pourrait être possible d'attirer l'attention. Après la préparation à ce point culminant qu'ont permis les leçons précédentes, le maître qui s'est parfaitement familiarisé avec son sujet n'aura aucune difficulté à impressionner l'enfant. Dans cette histoire, il est particulièrement important de rapporter toutes les conversations sous forme de discours direct.

Les questions suggestives à poser aux enfants sont les suivantes : Pourquoi Jacob ne voulait-il pas laisser Benjamin partir avec ses frères ? Pourquoi ont-ils refusé de partir sans lui ? Pourquoi Jacob les a-t-il finalement laissé partir ? Pourquoi Joseph a-t-il donné à Benjamin une part plus grande que les autres au banquet ? Pourquoi Joseph a-t-il mis sa coupe dans le sac de Benjamin ? Pourquoi est-ce Juda en particulier parmi tous les frères de Joseph qui a plaidé pour Benjamin ? À votre avis, pourquoi Joseph a-t-il fait sortir tous les Égyptiens de la pièce alors qu'il s'est fait connaître auprès de ses frères ? Lorsque ses frères eurent peur que Joseph ne les punisse pour leur péché contre lui et eurent honte de ce qu'ils avaient fait, qu'est-ce que Joseph dit pour les consoler ? Qu'a dit Jacob quand ils lui ont dit que Joseph était vivant et dirigeant de toute l'Égypte sous Pharaon ?

Cette histoire se prête également à une dramatisation par les enfants.

CHAPITRE XIII

LA MORT DE JACOB ET DE JOSEPH
Genèse 46.1 à 50.26

Interprétation. Dans ces chapitres, le centre d'intérêt se déplace une fois de plus de la biographie personnelle vers le destin d'Israël en tant que peuple. On est constamment conscient que son attention est attirée sur la fin d'une période et le début d'une autre. La période patriarcale touche désormais à sa fin et la période de l'existence nationale commence. Le dessein de Dieu ne doit plus se manifester dans le choix des individus, mais dans ses relations avec le peuple dans son ensemble. Ce n'est pas un hasard si la vie nationale d'Israël doit commencer en Égypte plutôt que sur son propre territoire ; car tout comme Abraham, le père de la race, fut mis à l'épreuve par sa volonté de quitter sa maison par obéissance à Dieu, de même la nation dans son ensemble devait vivre une expérience similaire. Il fallait qu'elle réalise son élection en étant prise comme "une nation au milieu d'une autre nation, par des épreuves, par des signes et par des prodiges et par la guerre et par une main puissante, et par un bras étendu et par de grandes terreurs". . (Deutéronome 4. 34.) Dans ces chapitres, nous voyons le début de l'accomplissement de la vision prophétique d'Abraham enregistrée dans Genèse 15. 12-16.

Voyons comment les idées énoncées dans le paragraphe ci-dessus sont véhiculées dans les chapitres examinés. Observez d'abord la réticence de Jacob à aller en Égypte, qui a besoin de l'assurance de Dieu : « Ne crains pas de descendre en Égypte, car là je ferai de toi une grande nation. Je descendrai avec toi en Égypte ; et je ferai aussi de toi une grande nation. sûrement, je te ramènerai. » (Genèse 46.3, 4.) Avant de mourir, Jacob rappelle à Joseph la promesse que Dieu lui avait faite à Beth El en prévision de l'exode d'Égypte : « Dieu Tout-Puissant m'est apparu à Luz, au pays de Canaan, et m'a béni et m'a dit : à moi : Voici, je te rendrai fécond et je te multiplierai, et je ferai de toi une communauté de peuples ; et je donnerai ce pays à ta postérité après toi, en possession éternelle. » (Genèse 48.3,4.) Nous pouvons considérer l'insistance de Jacob à être enterré en Canaan comme impliquant la même idée. Sa bénédiction à ses enfants et petits-enfants confirme cette pensée et les instructions de Joseph concernant la disposition de son propre corps montrent très clairement que le séjour en Égypte n'était pas destiné à être permanent, comme le montrent les paroles de Joseph à ses frères. (Genèse 50.19, 20), il a été divinement désigné.

Mais si, comme nous venons de le montrer, l'intérêt principal de ces chapitres se situe du point de vue du destin d'Israël, ils ne manquent pas non plus de l'intérêt personnel. Il y a un pathos sublime dans l'humble acceptation par Jacob du décret divin qui lui fait, après une longue lutte, finir ses jours dans un pays étranger, avec ces ambitions qu'il avait caressées toute sa vie dépendant encore d'un avenir lointain après sa mort pour leur la concrétisation. Dans sa rencontre avec Pharaon, il maintient bien sa dignité patriarcale. Mais il ne montre aucun sentiment de triomphe dans les honneurs qui lui sont accordés et son regard rétrospectif sur sa vie ne lui révèle pas grand-chose qui ne soit décevant ; « Peu nombreux et mauvais ont été les jours des années de ma vie et ils n'ont pas atteint les jours des années de la vie de mes pères aux jours de leurs séjours . » (Genèse 47.9.) Pathétique est également la référence de Jacob, alors qu'il était sur le point de bénir les fils de Joseph, à la mort de Rachel, survenue il y a tant d'années, comme si la pensée de la prospérité de Joseph réveillait à nouveau son chagrin que Rachel n'avait pas vécu pour le voir : « Et quant à moi, quand je suis revenu de Paddan, Rachel est morte pour moi au pays de Canaan, alors qu'il y avait encore un chemin pour arriver à Éphrath ; et je l'y ai enterrée en chemin. à Ephrath, c'est Bethléem . " (Genèse 48.7.) Pourtant, il préserve jusqu'à la fin son autorité patriarcale sur ses enfants et petits-enfants, bénissant Éphraïm au-dessus de Menassah , et ne manquant pas dans ses bénédictions envers ses enfants de rappeler leurs péchés passés comme des avertissements pour l'avenir. Le dévouement de ses enfants à son égard et les relations d'affection renouvelées entre Joseph et ses frères complètent le tableau de la famille patriarcale idéale où l'amour, le respect et une foi commune sont les liens qui unissent les unités.

Genèse 47.13 à 26 est intéressante à la lumière de ce que nous savons de l'histoire égyptienne à partir d'autres sources que la Bible. Le Pharaon à l'époque de Joseph appartenait, de l'avis général, à la dynastie des Hyksos , qui appartenait à une tribu sémitique qui avait conquis l'Égypte. Avant cette époque, la terre était détenue dans une sorte de tenure féodale par une partie de la vieille noblesse. Celles-ci causèrent des problèmes constants, en particulier dans le sud, aux dirigeants Hyksos. La politique de Joseph visait donc à assurer une centralisation du pouvoir entre les mains de Pharaon en obtenant toutes les terres et en réduisant tous les autres, à l'exception des prêtres, au statut de locataires. Cette concentration du pouvoir entre les mains d'un seul monarque, aussi intolérable qu'elle le serait dans un État moderne, était souvent dans les temps anciens le meilleur moyen d'assurer cette mesure de paix contre les conflits constants entre petites principautés qui étaient une condition préalable absolue au progrès. et la civilisation. Bien entendu, l'enfant ne s'intéresse pas à de tels problèmes et tout cet incident devrait être omis, mais il est bon que l'enseignant garde ces vérités à l'esprit, de peur que ses théories politiques et économiques modernes ne lui portent préjudice contre le caractère de Joseph.

But. Il y a deux objectifs que le professeur doit garder à l'esprit dans cette leçon, l'un lié à l'intérêt historique que nous lui avons montré et l'autre à l'intérêt personnel. Conformément au premier, l'enseignant doit donner à l'enfant les idées historiques et religieuses contenues dans ce chapitre qui résument la signification de la période patriarcale et préparent le terrain pour leur travail de l'année suivante, à savoir l'idée de la façon dont Dieu créait une grande nation. des Juifs conformément à sa promesse aux patriarches en leur permettant de se multiplier en Egypte, tout en leur rappelant qu'ils ne deviendront pas égyptiens mais qu'ils seront un jour ramenés dans leur pays. Mais l'aspect de la leçon qui peut s'imposer le plus facilement aux enfants est le plus personnel, avec son image de la vie familiale idéale comme une sorte de tableau final du drame de Joseph qu'ils sont en train d'apprendre. L'exemple de respect qu'il montre aux parents est particulièrement précieux.

Suggestions au professeur. L'aide la plus précieuse que l'enseignant puisse obtenir pour enseigner cette leçon vient également de l'étude du récit biblique lui-même. Notez que dans la Bible, bien qu'il soit clairement indiqué que la colonisation en Égypte a été réalisée conformément à un plan divin pour le développement du peuple élu, cela n'est nulle part indiqué en termes abstraits mais nous sommes autorisés à le déduire des mots et les actes des personnages et les événements à mesure qu'ils se façonnent. Pour enseigner à des enfants qui n'ont pas le pouvoir de former des notions abstraites, aucune autre méthode n'est possible. C'est précisément pour cette raison qu'il est nécessaire de s'efforcer davantage de faire comprendre à l'enfant le sens des paroles et des actes des personnages. Ainsi , en parlant de l'apparition de Dieu à Jacob à Beer- Sheva avec son message rassurant, il faut d'abord énoncer ce que la Bible laisse à notre propre pouvoir de déduction, la réticence de Jacob à aller en Égypte et la raison de sa réticence. On pourrait dire par exemple :

" Jacob se prépara donc à quitter Canaan et à aller à la rencontre de son fils Joseph, qu'il désirait tant revoir. Et pourtant, malgré son anxiété de rencontrer Joseph, il regrettait de quitter ce pays de Canaan où il était né. , où furent enterrés son père, sa mère et sa chère épouse Rachel, et où Dieu lui avait promis que ses enfants deviendraient une grande nation. Peut-être se sentait-il aussi désolé parce qu'il se souvenait d'avoir entendu parler d'une prophétie que Dieu avait dite à Abraham, disant que ses descendants deviendraient les esclaves d'un peuple étranger dans un pays étranger, et il pensa "Peut-être que maintenant mes enfants deviendront esclaves en Egypte." Mais cette nuit-là, pendant son sommeil, Dieu lui envoya un rêve pour le réconforter. Il rêva qu'il entendit Dieu parler. et lui dire "-etc.

Encore une fois, lorsque vous racontez le départ de Joseph pour rencontrer son père, soulignez l'amour qui l'a poussé à s'empresser d'accueillir le patriarche et la fierté avec laquelle il a présenté son vieux père au roi Pharaon, ainsi que la sollicitude pour le confort de son père et de ses frères. dans les préparatifs de leur réception à Goshen, la partie la plus fertile de l'Egypte, dans le delta du Nil.

En parlant du désir de Jacob et de Joseph d'être enterrés à Canaan, expliquez la raison pour laquelle ils voulaient rappeler à leurs descendants la promesse de Dieu de les faire sortir d'Égypte vers leur propre pays, Canaan. En racontant la bénédiction de Jacob sur Éphraïm et Menassah , il n'est pas nécessaire d'aborder la préférence accordée à Éphraïm car cela n'est significatif qu'à la lumière de l'histoire ultérieure des tribus et, au moment où l'enfant arrive à cette partie du monde, histoire, il aura oublié cet incident puisqu'il n'y a rien de intrinsèquement intéressant pour les enfants, mais n'ignorez pas Genèse 48.20, "Et il les bénit ce jour-là en disant : 'Par toi Israël bénira, en disant : Dieu te fera comme Éphraïm et comme Menassah .'" De cette manière, il est possible d'établir un point de contact entre la vie familiale de l'enfant et la leçon en lui faisant remarquer que ces mêmes paroles font partie de la bénédiction avec laquelle ses parents le bénissent le jour du sabbat. Cela lui fera comprendre qu'il fait partie des personnes dont il apprend l'histoire. Il serait également bon de demander combien d'enfants disent *Hamal'ak ha- go'el* dans leurs prières nocturnes et d'expliquer que cela fait partie de la bénédiction de Jacob à Éphraïm *et* Menassah . (Genèse 48.16.)

Aidez les enfants à visualiser les droits funéraires imposants liés à l'enterrement de Jacob comme montrant l'honneur qui lui a été rendu par les Égyptiens ainsi que par ses propres enfants. Il convient de leur donner une idée, à partir de la carte, de la longueur du voyage et de l'itinéraire emprunté. Ne tenez pas pour acquis que les enfants comprennent le regain de peur des frères de Joseph après la mort de leur père, mais expliquez qu'ils pensaient que peut-être Joseph n'avait pas réussi à les punir jusque-là simplement pour épargner son père, mais qu'après l'enterrement de son père il n'aurait plus de scrupules, tout comme Ésaü s'abstenait de tuer Jacob tant que son père vivait mais menaçait de le faire après sa mort.

DEUXIEME PARTIE

ISRAËL SOUS LA DIRECTION DE MOÏSE

CHAPITRE I

LA NAISSANCE DE MOÏSE
Exode 1.1 à 2.10

Interprétation. Les enfants d'Israël, installés dans les riches pâturages de Goshen, étaient devenus un peuple nombreux. Au début , ils prospérèrent, mais ensuite un changement survint avec l'accession au trône du « Pharaon qui ne connut pas Joseph ». Ce Pharaon était, selon toute probabilité, non seulement d'une dynastie différente, mais aussi d'une race différente du Pharaon de l'époque de Joseph . Le pharaon de l'époque de Joseph était probablement un descendant des envahisseurs Hyksos de l'Égypte, une tribu de bergers sémitiques comme les Israélites. Les vrais Égyptiens, cependant, qui étaient un peuple agricole et qui avaient en abomination les bergers, peut-être parce que beaucoup de leurs pratiques étaient en conflit avec les notions religieuses des Égyptiens, qui incluaient le culte du bétail sacré (voir Exode 8.22), ont finalement renversé cette doctrine sémitique. dynastie. En conséquence, les Israélites étaient considérés avec méfiance et haine comme un élément dangereux de l'État. Les services mêmes qu'ils avaient rendus à l'ancienne dynastie allaient maintenant leur être reprochés par la nouvelle, et au lieu d'être une race favorisée, ils en vinrent à être considérés, malgré leur long séjour en Égypte, comme étrangers et hostiles. et ont été soumis à la persécution et à l'oppression. La persécution a d'abord pris la forme de travaux forcés lors de la construction des ouvrages publics des Pharaons, mais lorsque les Israélites ont semblé prospérer malgré cela, ils ont eu recours à la mesure drastique du meurtre de chaque enfant de sexe masculin. À ce stade, le récit biblique nous montre comment la Providence a préparé la rédemption d'Israël en épargnant la vie de l'enfant destiné à devenir le libérateur. De la signification religieuse générale de la servitude égyptienne, telle qu'interprétée dans la Bible, nous avons déjà parlé dans les chapitres précédents.

But. Le but de cette leçon est triple : premièrement, inculquer à l'enfant l'idéal exprimé dans les mots : « Et tu ne feras pas de tort à un étranger et tu ne l'opprimeras pas, car vous étiez étrangers au pays d'Égypte ; (Exode 22.20) ; deuxièmement, pour l'encourager à maintenir ses aspirations nationales juives dans la diaspora, comme l'ont fait ses pères en Égypte, et, enfin, pour lui inspirer la foi en la providence de Dieu, comme l'illustre la manière dont Dieu a sauvé l'enfant Moïse.

Suggestions au professeur. Commencez par rappeler l'histoire de Joseph à la classe ; comment les Israélites qui se sont installés à Goshen - indiquez son emplacement sur la carte - sont devenus un peuple nombreux et ont bénéficié pendant longtemps de la faveur de Pharaon et des Égyptiens, en remerciement pour tout ce que Joseph avait fait pour l'Egypte à l'époque de la famine. Arrêtons-nous ensuite sur ce que les enfants d'Israël, qui étaient pour la plupart de simples bergers, ont appris des Égyptiens, qui étaient non seulement d'habiles agriculteurs, mais aussi de grands bâtisseurs. La meilleure façon d'y parvenir est de montrer des images des monuments égyptiens et de souligner le savoir-faire requis pour les ériger à une époque antérieure à l'utilisation de la vapeur et de l'électricité. "Mais", doit souligner l'enseignant, "bien que les enfants d'Israël aient beaucoup appris des Égyptiens, ils ne les ont pas copiés en tout. Sur un point, ils étaient bien en avance sur les Égyptiens, — dans leur religion. Ils savaient que il y avait un Dieu qu'ils ne pouvaient pas voir, qui a créé les cieux et la terre et tout ce qu'ils contiennent, mais les Égyptiens adoraient plusieurs dieux. Ils avaient des taureaux sacrés, des vaches sacrées et des chats sacrés, et même un insecte sacré. une sorte de scarabée. Les Israélites d'Égypte comprirent qu'ils ne deviendront pas Égyptiens, mais que Dieu les conduira un jour hors d'Égypte vers leur propre pays de Palestine, comme Il l'avait promis à Abraham, Isaac et Jacob. Ils continuèrent donc parler leur propre langue, l'hébreu, et maintenir leur religion.

Expliquez comment l'insistance à maintenir leurs propres pratiques religieuses et leur propre langue, et le refus de se joindre au culte des dieux égyptiens, ont suscité la haine de nombreux Égyptiens et ont ouvert la voie aux édits du « nouveau Pharaon ». ", qui "ne connaissait pas Joseph". La meilleure façon d'y parvenir est de se référer à des exemples modernes d'antagonismes similaires, qui peuvent avoir été à la portée de l'expérience ou de l'observation de l'enfant. Parlez par exemple ainsi :

"Quand les Égyptiens virent que les enfants d'Israël ne deviendraient pas comme eux, mais conserveraient leur propre religion et leur propre langue, beaucoup d'entre eux en vinrent à détester les Juifs, car il y a des gens qui n'aiment jamais quelqu'un qui est très différent d'eux. Certains d'entre vous connaissent peut-être des garçons qui aiment taquiner et agacer les Chinois à cause de leur apparence, de leurs vêtements et de leur langage étranges, ou qui sont méchants avec les nègres, simplement parce qu'ils sont noirs, ou qui aiment tourmenter les enfants étrangers qui ne parlent pas anglais. " Vous savez bien qu'il y a des gens qui sont méchants envers les Juifs sans aucune meilleure raison. Dans ce pays libre, personne ne songerait à nous faire vraiment de mal, et nos lois ne le permettraient pas non plus, mais il y a des pays où les lois mêmes de "Le pays essaie de rendre la vie des Juifs malheureuse, simplement parce qu'ils sont juifs. Beaucoup d'entre vous ont peut-être entendu parler de la façon dont les Juifs étaient traités en Russie il n'y a pas si longtemps. Et c'est exactement de cette façon que les Égyptiens ont commencé à ressentir envers nos ancêtres, lorsqu'ils ont vu qu'ils n'adoreraient pas les dieux des Égyptiens, qu'ils maintenaient leurs propres pratiques religieuses et parlaient leur propre langue ; et quand survint un nouveau Pharaon qui avait tout oublié de Joseph et du bien qu'il avait fait à l'Égypte, un homme d'une toute autre famille que le Pharaon de l'époque de Joseph et d'une autre partie du pays, les Égyptiens commencèrent à faire des lois contre le Les Juifs. Pharaon, qui détestait particulièrement les Juifs, a fait une loi selon laquelle ils devraient tous travailler comme esclaves à la construction de ses grandes villes aux trésors", etc.

Le reste de l'histoire est simple et ne pose aucune difficulté au professeur. La seule chose qu'il faut souligner est qu'en racontant la naissance et le sauvetage de l'enfant Moïse, l'enseignant doit se rappeler qu'il prépare le chemin pour l'histoire de l'Exode et doit souligner que Moïse a été sauvé parce que Dieu voulait dire lui pour racheter son peuple, non que son sauvetage soit un heureux accident. Il peut le faire en parlant de Dieu comme suggérant les idées sur lesquelles les personnages agissent. Par exemple, en racontant comment Miriam a vu la fille de Pharaon prendre le panier, on pourrait dire : « Alors Dieu a mis une sage pensée dans le cœur de Miriam et elle a couru vers la fille de Pharaon et lui a demandé », etc. Encore une fois, on pourrait dire : "Maintenant, quand la fille de Pharaon vit le petit bébé qui pleurait, Dieu remplit son cœur de pitié pour le petit enfant sans défense", et on pourrait conclure la leçon en disant: "De cette façon, Dieu sauva le bébé qui, lorsqu'il devint un enfant, homme, devait délivrer son peuple de l'oppression de Pharaon. »

Voilà pour la présentation de la leçon. En en discutant ensuite avec la classe, ne manquez pas de suggérer, par des questions appropriées, le devoir de maintenir nos pratiques juives, même face au ridicule et à l'opposition qu'elles suscitent parfois. L'application de la morale de l'histoire doit être donnée en fonction de la propre expérience de l'enfant. Par exemple, on pourrait dire : « Quand nos pères en Égypte sacrifiaient à leur Dieu et ne voulaient pas sacrifier aux dieux animaux égyptiens, les Égyptiens aimaient-ils cela ? Les Israélites, lorsqu'ils virent que les Égyptiens les haïssaient parce qu'ils étaient différents, en termes de race, de langue et de religion, abandonner leur langue et leur religion pour ressembler aux Égyptiens ? Pensez-vous que l'enfant juif d'aujourd'hui devrait avoir honte et abandonner ses pratiques religieuses juives, parce que ses amis chrétiens peuvent les trouver étranges ou ne les aime pas, ou peut ne pas le traiter avec autant de gentillesse s'il montre qu'il est juif ? Parfois, les garçons juifs vont à l'école pendant les fêtes juives, parce que leurs amis chrétiens ne restent pas à la maison. Pensez-vous que cela soit correct ? Pensez-vous qu'il est juste de chanter des chants chrétiens à l'école, parce que vous avez peur de ne pas le faire ? Aucun professeur ne vous obligera jamais à chanter un chant chrétien si vous expliquez poliment que vous ne voulez pas le faire parce que votre religion l'interdit. Si on vous demandait de participer à une fête de Noël à l'école, que feriez-vous ? Si un garçon chrétien vous proposait une partie de son déjeuner à manger et que vous n'étiez pas sûr que ce qu'il vous donnait était *casher* , que feriez-vous ? Dans les pays où les Juifs sont aujourd'hui maltraités, simplement parce qu'ils sont Juifs, comme leurs pères en Égypte, ont-ils pour cette raison renoncé à leur judaïsme, ou le maintiennent-ils encore ? Que feriez-vous si vous viviez dans l'un de ces pays ? »

Ne vous attardez cependant pas trop sur l'antisémitisme, car il n'est pas moralement utile à l'enfant d'éprouver un ressentiment trop vif. Ce serait produire l'effet tout contraire à celui désiré si nous éveillions chez nos élèves un sentiment d'animosité à l'égard des Gentils. L'accent doit être mis entièrement sur la vertu positive du maintien de la loyauté religieuse malgré l'hostilité qu'elle peut parfois susciter.

CHAPITRE II

Moïse, l'ami des faibles et des opprimés
Exode 2.11 à 23

Interprétation. Le principal intérêt du récit contenu dans ces versets réside dans la lumière qu'ils jettent sur le caractère de Moïse et sur les traits qui ont fait de lui l'émancipateur, le chef et le législateur idéal de son peuple. Le premier d'entre eux est sa sympathie pour leurs souffrances et son sentiment de parenté avec eux, qui le conduit, bien que prince d'Égypte par son rang et son éducation, à sortir parmi ses frères et à examiner leurs fardeaux. La seconde est son indignation face à tout ce qui relève de l'injustice, qu'elle soit perpétrée par un Égyptien ou un Israélite ; et, enfin, son zèle chevaleresque au service des faibles et des opprimés, qui l'envoie dans une mission semblable à celle du chevalier errant idéal, « aller à l'étranger pour réparer les torts humains », et qui, même dans un pays étranger, , l'amène à s'immiscer dans la cause des bergères de Madian contre les bergers grossiers.

But. Le but de cette leçon est de cultiver chez l'enfant, à travers son admiration pour Moïse, les traits du caractère de Moïse que nous avons montré dans le récit de ces chapitres pour illustrer.

Suggestions au professeur. Essayez de faire ressortir la noblesse de la ligne de conduite adoptée par Moïse en attirant l'attention des enfants sur d'autres actions possibles qu'il aurait pu suivre. Moïse, ayant eu à sa disposition la richesse et le luxe, aurait pu consacrer sa vie à la jouissance ; en raison de son éducation supérieure, il aurait pu mépriser ses frères les plus ignorants et se tenir à l'écart de toute association avec eux ; craignant le reproche de son origine hébraïque, il aurait pu éviter une telle association pour des raisons prudentielles. Mais il n'a fait aucune de ces choses. Il sentait que s'il avait été si merveilleusement sauvé et que lui seul avait reçu des avantages que les autres n'avaient pas reçus, c'était parce que Dieu voulait qu'il les utilise pour le bien de tout son peuple. Il est bon, en soulignant les lignes de conduite ouvertes à Moïse, d'utiliser des illustrations de la vie moderne, ainsi :

"Combien d'enfants qui reçoivent de leurs parents tout ce dont ils ont besoin et de l'argent de poche en plus, ne pensent qu'à le dépenser en sport et en divertissement, et ne s'arrêtent jamais de penser aux besoins des enfants pauvres qui n'ont même pas de nourriture, ni de vêtements, ni de chauffage. Mais Moïse n'était pas ainsi : même si, étant élevé comme le fils de Pharaon, il aurait pu vivre une vie d'aisance, d'oisiveté et de plaisir, il préférait se promener parmi ses frères pauvres et aidez-les à porter leurs fardeaux. De plus, bien que Moïse ait reçu la meilleure éducation qu'un Égyptien pouvait recevoir à cette époque, il ne s'est pas laissé rendre vaniteux. Peu importe à quel point une personne est instruite ou noble de naissance, on ne devrait pas garder à l'écart des gens humbles et ordinaires. Ainsi Moïse, bien que prince érudit, n'a jamais été trop fier de s'associer aux esclaves ignorants, son peuple.

En enseignant comment Moïse a tué l'Égyptien, ne manquez pas de faire ressortir le caractère héroïque de l'action en mettant l'accent sur le mobile de Moïse, à savoir son sens de la justice violé, et sur les périls auxquels il devait savoir d'avance que cet acte l'exposerait.

CHAPITRE III

DIEU ENVOIT MOÏSE POUR SAUVER SON PEUPLE
Exode 3.1-4.31

Interprétation. Le moment étant maintenant venu pour Dieu d'accomplir son alliance de racheter Israël de l'esclavage de l'Égypte, il fait connaître son dessein à Moïse et lui confie la mission d'annoncer la rédemption aux anciens d'Israël et de l'exiger de Pharaon. Mais Moïse hésite. Il doute de ses qualifications pour cette tâche, demandant : « Qui suis-je pour aller vers Pharaon et pour faire sortir d'Égypte les enfants d'Israël ? Et la réponse de Dieu est : « Certainement, je serai avec toi. » Mais cela ne satisfait pas encore Moïse, il veut une garantie de l'aide divine dans la déclaration de Dieu : « Je suis יהוה ». Car en demandant à Dieu son nom, Moïse ne cherchait pas simplement des informations. Il n'y a pas de place dans ce livre pour aborder une discussion sur les questions critiques soulevées par ces versets. L'interprétation donnée par Wiener [7] semble la plus raisonnable. Il attire l'attention sur le fait que chez les peuples primitifs — et les récits du Pentateuque devaient être rendus compréhensibles à un peuple primitif — le nom d'une personne, et plus particulièrement celui d'un dieu, était considéré comme ayant certains pouvoirs qui étaient conféré à toute personne à qui il révélait son nom. Lorsque Moïse demanda le nom de Dieu, c'était donc comme une sorte de garantie positive et irrévocable de succès, mais Dieu, à ce stade, refuse de dire directement : « Je suis יהוה » et donne la réponse évasive : « Je suis que je suis." Alors Moïse, insatisfait, déclare que le peuple ne le croira pas, et Dieu répond en lui montrant le miracle du bâton se transformant en serpent, etc. Moïse hésite encore, invoquant le manque d'éloquence comme excuse pour ne pas y aller, et Dieu promet pour inspirer ses déclarations et charger également son frère Aaron, qui était éloquent, de l'assister en tant que porte-parole. La signification de ce dialogue de Moïse avec Dieu est généralement expliquée comme contenue dans ce qu'il nous révèle de la douceur caractéristique de Moïse. Cela illustre effectivement ce trait remarquable de son caractère, mais si l'objectif principal de l'auteur biblique était de louer la douceur de Moïse, nous ne serions guère préparés à la déclaration (Exode 4.14) : « Et la colère du Seigneur s'est enflammé contre Moïse. Le but principal de l'auteur biblique semble plutôt être de souligner l'apparente impossibilité de la tâche que Moïse était chargé d'accomplir afin que le caractère miraculeux de la délivrance soit plus évident. Il est significatif qu'avant que Moïse aille parler à Pharaon, Dieu refuse la révélation de son nom, mais qu'après qu'il soit parti en mission, Dieu le révèle (Exode 6.2). Il semblerait qu'il était mécontent du refus de Moïse de se passer d'une garantie spéciale. La morale du récit est peut-être plus clairement mise en évidence dans la réplique de Dieu à Moïse : « Qui rend l'homme muet ou sourd, ou voyant ou aveugle ? n'est-ce pas moi, l'Éternel ? Exode 4.11.

But. Le but de cette leçon devrait être d'inculquer à l'enfant la foi dans la puissance et la providence de Dieu telles que révélées dans l'histoire juive. L'enseignant doit s'efforcer de faire en sorte que l'enfant, par l'admiration de l'héroïsme de Moïse qui tentait l'impossible au service de Dieu, ressente avec une profonde conviction que dans son service, il ne peut y avoir d'échec. Il devrait essayer d'obtenir non seulement l'assentiment intellectuel de l'enfant à l'idée que Dieu peut accomplir tout ce qu'Il projette, mais il devrait aussi susciter une appréciation émotionnelle de cet héroïsme engendré par la foi qui conduit les grands hommes à entreprendre ce qui, aux yeux des autres, semblerait impossible. .

Suggestions au professeur. Dans la mesure où nous souhaitons inspirer à l'enfant, au moyen de cette leçon, la foi en la providence divine, nous devons nous garder de toute tentative de rationalisation des miracles rapportés dans ce chapitre et dans les suivants. C'est la foi dans le pouvoir de Dieu sur la nature et dans l'utilisation de ce pouvoir dans l'intérêt de la justice et de la droiture que cette leçon devrait enseigner, et aucune explication philosophique ne peut faire comprendre cette vérité à l'enfant aussi bien que le récit simple et impressionnant du miracle. . La croyance en la puissance surnaturelle et transcendante de Dieu est essentielle dans le judaïsme, et le récit des miracles est le meilleur moyen de mettre en valeur cette doctrine. Certes, il peut être nécessaire, à un âge plus avancé, de modifier et d'approfondir sa conception du miraculeux, mais le seul moyen par lequel l'enfant peut concevoir la puissance transcendante de Dieu, exercée providentiellement, passe par le récit simple et direct. des miracles qu'il a accomplis. Par exemple, il ne faut pas tenter d'identifier la voix qui s'adressait à Moïse depuis le buisson ardent avec la voix de la conscience. Elle doit rester une voix objective. La réponse de Dieu à la question de Moïse concernant son nom : « Je suis ce que je suis », est parfois l'occasion pour l'enseignant de se livrer à une tentative de discussion philosophique sur la nature de Dieu. Nous avons déjà suggéré dans notre interprétation du passage que ces mots n'ont probablement jamais été destinés à transmettre une telle signification. Ils ne constituent pas une réponse à la question « Quel est ton nom ? » mais un refus d'y répondre et, par conséquent, il n'est pas pertinent d'interpréter leur signification comme révélant quoi que ce soit sur la nature de Dieu. Cependant, en dehors de cette considération, de tels débats théologiques abstraits dépassent les capacités mentales de l'enfant et doivent toujours être évités. Il est donc préférable d'enseigner le verset sans aucun commentaire, car cela tend à préserver l'atmosphère de mystère et de crainte qui enveloppe tout l'épisode.

En racontant le dialogue entre Dieu et Moïse, le langage biblique peut être utilisé presque partout et, en tout cas, les discours doivent être prononcés sous forme de discours direct. Veillez à aider l'enfant à comprendre la raison de l'hésitation de Moïse, à la fois parce que cela est nécessaire à une bonne compréhension du caractère de Moïse et parce que cela prépare le terrain à une meilleure appréciation du miracle de l'Exode. Par exemple, en parlant de l'appel de Dieu à Moïse, on pourrait continuer en quelque sorte ainsi : « Quand Moïse entendit Dieu dire : « Va et je t'enverrai vers Pharaon, et fais sortir mon peuple, les enfants d'Israël ». d'Égypte", son cœur se serra. Comment pouvait-il, un homme et un étranger, se présenter devant ce roi cruel et puissant d'une nation puissante, entouré de courtisans, de gardes et de soldats, et lui dire : " Que ces milliers d'esclaves qui construit vos villes, soyez libres ? Pharaon lui prêterait-il attention ? Alors Moïse dit à Dieu : « Qui suis-je pour aller vers Pharaon et faire sortir d'Égypte les enfants d'Israël ? » L'enseignant peut également mettre l'accent sur le récit. plus clair par les questions qu'il pose après la présentation de la leçon, comme par exemple : « Qu'est-ce que Dieu a demandé à Moïse de dire à Pharaon ? Pensez-vous que Pharaon laisserait partir Israël simplement parce que Moïse l'a demandé ? Pourquoi pas ? (Dessinez le (idée que Pharaon était habitué à être obéi, pas commandé, et que l'esclavage d'Israël lui était profitable.) Moïse pensait-il que Pharaon lui obéirait ? Qu'est-ce que Moïse a dit à Dieu quand Dieu lui a dit d'aller vers Pharaon ? Pourquoi Moïse ne veut-il pas y aller ? Comment Dieu a-t-il répondu à Moïse quand Moïse a dit qu'il n'était pas un assez bon orateur ?

CHAPITRE IV

PREMIÈRE APPARITION DE MOÏSE DEVANT
PHARAON
Exode 4.29 à 6.8

Interprétation. Le premier pas de Moïse semble contenir une promesse de succès. Lui et Aaron réussissent à intéresser les anciens d'Israël à la perspective de la délivrance, mais l'espoir que ce premier succès faisait naître dans le cœur de Moïse fut bientôt voué à être déçu, car Pharaon non seulement refuse la demande modérée d'un voyage de trois jours. dans le désert, mais impose également des fardeaux nouveaux et impossibles aux Israélites. Cela a pour effet immédiat de discréditer Moïse et Aaron aux yeux du peuple, même aux yeux des surveillants israélites, qui avaient cherché à intercéder pour leurs frères auprès de Pharaon, et qui reprochent désormais à Moïse et Aaron d'être les ennemis du peuple. . Dans un désespoir total, il dépose sa plainte devant Dieu, et à ce stade, Dieu lui accorde cette révélation de son nom, qu'il avait d'abord cachée, et l'assure de l'accomplissement de l'alliance avec les patriarches. Moïse ne devait pas se laisser décourager par la dureté du cœur de Pharaon, car même cela ne faisait que souligner le caractère miraculeux de la fuite d'Israël. C'est la signification des versets d'Exode 6.1 et 7.3-5.

But. L'objectif de ce chapitre est le même que celui du précédent. En outre, il devrait être utilisé pour enseigner le respect du nom de Dieu.

Suggestions au professeur. Avant de commencer cette leçon, rappelons par quelques questions les points principaux de la leçon précédente, en mettant particulièrement l'accent sur les difficultés de la tâche que Moïse était appelé à accomplir. Racontez ensuite comment les espoirs de Moïse ont été suscités par sa rencontre avec Aaron, et plus encore par l'accueil que lui ont réservé les anciens d'Israël, qui se souvenaient d'avoir entendu la prophétie selon laquelle Israël devait être conduit hors d'Égypte et se rendre dans le pays promis. Abraham, Isaac et Jacob. La conversation entre Moïse et Pharaon doit être donnée en discours direct et dans la langue de la Bible. Il fallait faire comprendre aux enfants le dilemme dans lequel se trouvaient les surveillants juifs du travail, dans la mesure où ils étaient tenus responsables des tâches impossibles qu'ils étaient tenus d'exiger du peuple. Leur requête au Pharaon et la réplique de Pharaon doivent également être données dans un discours direct et dans un langage proche de celui de la Bible, mais un peu plus explicite, afin que les motifs soient clairs pour les enfants, ainsi : « Maintenant, lorsque les surveillants hébreux du travail voyant qu'ils étaient brutalement battus parce que les enfants d'Israël ne pouvaient pas faire l'impossible et fabriquer des briques sans paille, ils pensèrent qu'ils allaient se présenter devant Pharaon et le raisonner ; alors ils vinrent et dirent : « Ô roi, pourquoi fais-tu ainsi à tes serviteurs, aucune paille n'est donnée à tes serviteurs, pourtant tu nous dis : veille à ce qu'ils fabriquent des briques, et quand ils ne fabriquent pas le nombre de briques dont tu as besoin, car ils ne peuvent pas faire le même nombre s'ils doivent prendre le temps de ramasser eux-mêmes la paille : la faute en revient à nous, leurs surveillants, et nous sommes injustement punis. Pharaon ne voulait pas entendre raison, mais il rougit de colère et dit d'une voix fanfaronne : " Vous êtes des oisifs, des oisifs ! C'est pourquoi vous cherchez des excuses pour ne pas travailler, en disant : Venez, sacrifions au Seigneur ! Et maintenant, va à ton travail et on ne te donnera pas de paille et tu fourniras le même nombre de briques qu'auparavant, quand la paille a été donnée.

Cela ouvre la voie à l'explication du changement d'attitude du peuple à l'égard de Moïse, comme le montre Genèse 5. 21. Les paroles des surveillants à Moïse devraient être quelque peu paraphrasées, car les enfants pourraient ne pas comprendre le langage figuré, ainsi : " Que le Seigneur apparaisse et vous juge, car vous nous avez donné une mauvaise réputation auprès de Pharaon, et au lieu de tenir votre promesse de nous libérer d'Égypte, vous avez donné à Pharaon une excuse pour nous traiter plus mal que nous n'avons jamais été traités auparavant. Ensuite, continuez à décrire les sentiments de Moïse lorsqu'il a entendu ces paroles, comment il a dû sembler à l'époque que le but vers lequel il s'efforçait de paraître plus éloigné que jamais. Non seulement Pharaon n'avait pas accédé à sa requête, mais son plaidoyer avait pour seul effet d'alourdir les fardeaux du peuple, qu'il avait cherché à alléger, de sorte que son propre peuple se retourna maintenant contre lui.

Cela amène l'enseignant au récit de la révélation par Dieu de son nom à Moïse, dont j'ai expliqué la signification dans le chapitre précédent. En l'enseignant à l'enfant, le but principal, comme nous l'avons déjà indiqué, devrait être d'inspirer le respect du nom de Dieu. Un deuxième objectif devrait être d'impressionner l'enfant avec la grandeur de Moïse. Cela peut être très facilement fait en présentant cette leçon à peu près comme suit : « Alors Dieu dit à Moïse son nom, son nom qu'il n'avait encore dit à aucun autre homme, pas même à Abraham, Isaac et Jacob. Il s'était fait connaître à comme Dieu Tout-Puissant, et sous de nombreux noms différents, mais il ne leur avait pas dit son vrai nom. Ce nom, les enfants, vous ne l'avez jamais entendu, même si vous l'avez probablement tous vu. (Le professeur les laisse ensuite ouvrir leurs livres de prières au יִשְׂ רָאֵל שְׁ מַע , ou, s'ils n'ont pas de livres avec eux, il a un livre prêt qu'il ouvre à cet endroit. Il laisse l'un des enfants lire le premier verset du שְׁ מַע .) "Maintenant, vous savez tous que nous lisons le troisième mot de ce verset ' adonoy ', mais ce n'est pas ce que les quatre lettres de ce mot יהוה épellent, n'est-ce pas ? " Vous vous attendriez à ce que le mot soit orthographié יהוה , n'est-ce pas ? Eh bien, ces quatre lettres qui composent ce troisième mot de אֲדֹנָי épellent le nom que Dieu a dit à Moïse, mais nous, aucun d'entre nous, ne prononçons ce nom. Au lieu de cela, nous dites ' adonoy ', qui signifie 'Le Seigneur', car il n'est pas respectueux d'appeler Dieu par son nom." [8] L'enseignant demande alors à l'un des enfants quel est le nom de son père, celui de sa mère. "Quand vous parlez à votre père et à votre mère, les appelez-vous par leur nom ? Comment les appelez-vous ? Quand les gens parlent à un roi , ils ne l'appellent jamais par son nom, mais ils l'appellent 'Votre Majesté'. Un juge d'un tribunal n'est jamais appelé par son nom, il est appelé « Votre Honneur ». Le président des États-Unis n'est pas adressé par son nom, mais par « Monsieur le Président ». Tout cela est fait en marque d'honneur et de respect, et pour la même raison, nous n'appelons pas Dieu par son nom mais parlons de lui comme du Seigneur, de Dieu, de l'Éternel, etc., afin de montrer notre respect et notre révérence. Mais quand Dieu vit avec quelle fidélité Moïse lui avait obéi, même si cette obéissance ne lui avait apporté que du chagrin, il aima tellement Moïse qu'il lui dit son nom, pour montrer qu'il traitait Moïse comme un ami qui pouvait l'appeler. par son nom, comme les amis ont l'habitude de s'appeler. Il voulait que Moïse sente que cela ne faisait aucune différence même si Pharaon était son ennemi, et si les Israélites eux-mêmes se retournaient contre lui, parce que Moïse avait toujours un ami qui serait toujours à ses côtés. , Dieu lui-même. Il lui dit donc son nom et lui donna la permission de l'utiliser en parlant aux enfants d'Israël afin qu'ils sachent tous que Dieu était avec lui et qu'il l'aiderait, et il dit : " Je suis le Seigneur ; et je suis apparu à Abraham, à Isaac et à Jacob, comme Dieu Tout-Puissant, mais c'est par mon nom que je ne m'ai pas fait connaître à eux", etc., jusqu'à la fin du verset 9. En discutant de la leçon avec les enfants, soulignez le péché de prendre le nom de Dieu en vain, même lorsqu'il est appliqué aux autres noms de Dieu en plus du tétragramme (יהוה).

CHAPITRE V

LES PLAGES
Exode 6.9 à 10.29

Interprétation. Le sens de ces chapitres est clair. Ils contiennent le récit de cette lutte entre Pharaon et sa cour avec tous leurs artifices magiques d'une part et Moïse, armé du nom de Dieu, de l'autre. Le lecteur ne devrait pas manquer de noter la représentation dramatique de l'impuissance d'une rage aveugle et tyrannique qui oscille entre des concessions timides qui ne peuvent satisfaire l'opposition et une fureur aveugle qui ne fait qu'inviter l'opposition. Avec le deuxième fléau, Pharaon est prêt à satisfaire la demande de Moïse, mais il ne maintient cette intention que jusqu'à ce que le fléau soit éliminé, puis, dans son apparente sécurité, l'habitude de la tyrannie se réaffirme immédiatement et il refuse de nouveau de laisser partir Israël. Avec la quatrième plaie, Pharaon propose comme compromis que les Israélites puissent sacrifier à leur Dieu en Égypte. Ce compromis, Moïse le rejette, indiquant hardiment comme raison qu'une telle démarche impliquerait de tuer « l'abomination », *c'est-à-dire . e.* , les dieux, des Égyptiens, chose que le peuple égyptien ne souffrirait pas. Sur ce, Pharaon consent à laisser partir les Israélites : « Seulement, ne vous éloignez pas », mais avec la disparition de la peste, cette concession est de nouveau retirée. Après la septième plaie, Pharaon, conformément à la demande insistante de sa cour, est prêt à de nouvelles concessions. Il est prêt à autoriser le départ des hommes, à condition qu'ils laissent les femmes et les enfants en otages en attendant leur retour. Lorsque cette concession est rejetée, sa fureur l'entraîne à nouveau dans un défi fou. La neuvième plaie le pousse à chercher une fois de plus à apaiser Moïse et Aaron. Il est prêt maintenant même à laisser partir les femmes et les enfants, seul le bétail doit rester en Egypte. Mais Moïse est ferme ; le bétail était nécessaire pour le sacrifice. Rien de moins qu'un exode complet de tout le peuple avec ses biens pour un voyage de trois jours dans le désert pour adorer Dieu sur sa montagne sainte ne satisferait Moïse. En effet, il suggère même que le roi lui-même fournisse des animaux pour le sacrifice. Alors Pharaon, en colère, commet sa dernière indiscrétion, déclarant à Moïse et à Aaron : « Retire-toi de moi, prends garde à toi, ne vois plus ma face ; car le jour où tu verras ma face, tu mourras. » Cela clôt toutes les négociations entre eux. Moïse accepte son ultimatum. "Tu as bien parlé; je ne reverrai plus ton visage." Désormais, même un voyage de trois jours dans le désert ne suffira pas. Pharaon avait prononcé sa propre sentence, une sentence que les arbitraires et les tyranniques prononcent toujours contre eux-mêmes face à l'opposition des protagonistes de la raison et de la justice.

But. Le but de ce chapitre, comme de tous ceux qui ont conduit à l'événement de l'Exode, est d'inspirer à l'enfant la foi dans la providence de Dieu exercée sur Israël en particulier et sur l'humanité en général, dans l'intérêt de la liberté et de la justice.

Suggestions au professeur. Il est parfois suggéré dans les livres sur l'enseignement de l'histoire biblique que l'histoire des plaies soit passée sous silence, sans beaucoup d'attention aux détails. Ce serait une erreur. L'histoire des pestes exerce sur les jeunes enfants une grande fascination, le même genre de fascination qu'exercent sur eux les œuvres des fées et des sorcières dans leurs contes de fées préférés. L'enseignant habile tirera le meilleur parti de l'intérêt naturel pour le merveilleux en l'employant à accroître l'esprit de crainte respectueuse qu'il doit s'efforcer d'associer à la pensée de Dieu. En racontant chacune de ces plaies, il ne suffit pas de décrire ce qui s'est passé, mais l'enseignant doit aider à faire comprendre à l'enfant ce que ces plaies signifiaient pour l'Égypte. Ainsi, en enseignant le premier fléau, insistez sur le fait que l'eau est indispensable et sur la détresse qui en résulte si les gens sont privés d'eau pendant un certain temps.

L'intérêt des enfants pour les fléaux ne doit cependant pas être dû uniquement à leur intérêt pour le merveilleux. Efforcez-vous de les intéresser principalement à la lutte entre Dieu et Pharaon. Toutes les conversations entre Pharaon et Moïse doivent être racontées le plus fidèlement possible dans le langage de la Bible, afin que l'enfant ressente la force de la ferme insistance de Moïse et la faiblesse de l'attitude vacillante et temporisatrice de Pharaon. À moins qu'à la fin de la leçon l'enfant ne soit rempli d'admiration pour Moïse et de mépris pour Pharaon, le professeur n'a pas bien enseigné la leçon.

Dans la mesure où il y a tant d'allusions aux dix plaies dans la littérature juive et générale, il faut apprendre à l'enfant à s'en souvenir dans l'ordre approprié. La meilleure façon d'y parvenir est de nommer chaque fléau en un seul mot ou une brève phrase, comme dans la Haggadah de Pâque, et de les écrire ainsi au tableau :

1. Sang.	6. Furoncles.
2. Grenouilles.	7. Grêle.
3. Des moucherons.	8. Criquets.
4. Mouches.	9. Obscurité.
5. Peste chez le bétail.	dix. Décès du premier-né.

CHAPITRE VI

L'EXODE
Exode 11.1 à 13.16

Interprétation. Ces chapitres racontent le point culminant vers lequel a conduit le récit depuis la naissance de Moïse jusqu'à ce point, l'exode d'Égypte. Ils contiennent également les lois associées à la commémoration de cet événement. Le récit commence en racontant la promesse de Dieu selon laquelle le prochain fléau serait le dernier, et son commandement au peuple de se préparer à l'exode. Avant qu'ils ne soient autorisés à partir, il leur fallait exprimer leur foi en la délivrance de Dieu et leur volonté de suivre sa direction ; c'est pourquoi nous avons l'ordre de prendre un agneau le dixième jour du mois qui devait commencer leur nouvelle ère, de le sacrifier le 14 et d'en manger la chair en famille cette nuit-là, avec des herbes amères. et du pain sans levain, qui devaient par la suite servir de symboles de l'esclavage et de la libération de celui-ci. Le sang de ce sacrifice, ils devaient l'asperger sur les montants des portes de leurs maisons afin de témoigner par ce rituel de leur désir d'être inclus dans « l'Armée du Seigneur » qui devait partir le lendemain, et tous ceux qui ne le feraient pas témoigner ainsi de leur adhésion à la cause d'Israël devaient connaître le même sort que les Egyptiens auxquels ils avaient choisi de s'identifier. Les Israélites devaient manger l'agneau debout, les reins ceints et le bâton à la main, prêts à recevoir le signal du départ. Les rabbins attirent l'attention sur le fait que le sacrifice de l'agneau pascal en Égypte par les Israélites était une expression très audacieuse de leur foi, dans la mesure où le mouton faisait partie des animaux sacrés de l'Égypte. Lorsque Pharaon suggère à Moïse que les Israélites pourraient sacrifier à leur Dieu en Égypte, il répond : « Voici, si nous sacrifions l'abomination des Égyptiens sous leurs yeux, ne nous lapideront-ils pas ? (Exode 8. 22.) Mais à cette époque, Pharaon et l'Égypte avaient été si humiliés par les plaies qui n'épargnaient même pas leur fleuve sacré, le Nil, que les Égyptiens craignaient d'attaquer les Israélites, tandis que les enfants d'Israël avaient retrouvé leur confiance perdue. en Moïse et en Dieu au nom duquel il leur a parlé.

Parmi les lois et observances associées aux événements de ce chapitre figurent : 1. La loi ordonnant le premier Nisan, comme le « Nouvel An pendant des mois », en commémoration de l'inauguration de la nouvelle ère dans l'histoire d'Israël ; 2. le sacrifice annuel de l'agneau pascal qui était mangé dans le cercle familial avec des herbes amères et du pain sans levain pour rappeler les observances similaires des Israélites avant de quitter l'Égypte ; [9] 3. la célébration pendant sept jours [10] de la fête de Pâque par l'élimination préalable de tout levain et l'abstention de celui-ci pendant la fête et par la consommation de pains sans levain en commémoration de la précipitation du départ d'Israël qui n'a pas eu lieu. leur permettre de prendre d'autres dispositions ; 4. le devoir de raconter à ses enfants ces événements, qui ont donné lieu à la récitation de la Haggadah la nuit de Pâque ; 5. la sanctification du premier-né du bétail et des hommes en reconnaissance du caractère providentiel de la dixième plaie, cette dernière coutume subsistant dans la pratique du « pidyon ha-ben », « la rédemption du premier-né », et, 6. l'injonction de faire de ce commandement "un signe sur ta main et les fronteaux entre tes yeux" qui a conduit à l'inclusion du passage contenant ces mots, et le commandement de sanctifier le premier-né parmi ceux enfermés dans la tephillin . , ce qui en fait un thème de réflexion quotidienne. En plus de ces pratiques, il convient de noter que le sabbat et les jours fériés, même ceux ayant d'autres associations historiques, sont caractérisés dans notre liturgie comme מִצְרַים. לִיצוֹאַת זֵכֶר

" mémoriaux de l'Exode d'Egypte." La multitude d'observances ainsi conçues pour nous rappeler l'Exode témoignent de l'importance de l'idée directrice associée à cet événement pour le peuple juif de tout temps, à savoir l'identification de la cause d'Israël avec la cause de Dieu, "Et je vous prendrai pour mon peuple, et je serai pour vous un Dieu, et vous saurez que je suis l'Éternel, votre Dieu, qui vous ai fait sortir des fardeaux des Égyptiens." (Exode 6.7.)

But. Le but de cette leçon devrait être de rendre l'enfant conscient de son identité avec Israël et de la dette de gratitude et de loyauté que cela lui impose en vue de la rédemption d'Israël par Dieu.

Suggestions au professeur. L'association de l'Exode avec l'observance de la Pâque est la méthode évidente pour établir un contact entre le sujet enseigné dans cette leçon et l'enfant juif d'aujourd'hui. Néanmoins, il est préférable de ne pas utiliser les célébrations de la Pâque comme « point de contact » technique avec lequel introduire la présentation originale de la leçon, car cela retarderait trop longtemps la narration proprement dite, mais de les utiliser pour introduire la discussion. du sujet par la classe après que l'enseignant a raconté son histoire.

Pour introduire le récit lui-même, une référence aux leçons précédentes est suffisante, car les dernières leçons ont toutes anticipé les événements racontés dans ces chapitres. Pour ce faire, l'enseignant peut le mieux faire en posant quelques questions introductives, comme par exemple : "Pourquoi Dieu a-t-il envoyé contre l'Egypte les plaies dont nous avons entendu parler dans notre dernière leçon ?" (Faites la réponse selon laquelle il ne s'agissait pas simplement de punir les Égyptiens mais de contraindre Pharaon à libérer les Israélites.) Lorsque, après la neuvième plaie, Moïse refusa l'offre de Pharaon de laisser partir les Israélites à condition qu'ils laissent derrière eux leur bétail et leurs biens. , qu'a dit Pharaon ? Comment Moïse a-t- il répondu ? Le professeur poursuit ensuite :

> "Quand Pharaon avait chassé Moïse et Aaron de lui et leur avait dit de ne plus jamais revenir devant lui, sinon il les ferait mettre à mort, il était clair qu'il ne servait plus à rien de discuter avec lui . Dieu lui avait donné de nombreuses occasions de changer. son attitude et a laissé les Israélites partir en paix pour le servir dans le désert, mais Pharaon n'a pas voulu écouter et maintenant Dieu a décidé d'envoyer un fléau de plus sur l'Égypte, si terrible que Pharaon serait obligé de laisser partir les Israélites.

En racontant le sacrifice de l'agneau pascal et l'aspersion du sang sur les montants des portes, veillez à ne pas laisser à l'enfant l'idée que Dieu avait réellement besoin d'un signe pour distinguer la maison hébraïque de la maison égyptienne. Cela peut être fait en expliquant que Dieu voulait tester la foi des Israélites dans l'exode attendu par leur empressement à faire ces préparatifs. L'aspersion de sang sur les montants de la porte devait être un signe que les habitants de la maison voulaient qu'elle soit considérée comme une maison hébraïque, mais s'ils étaient prêts à rester en Égypte et ne voulaient pas faire confiance à Dieu pour les faire sortir, ils le feraient naturellement. ne ferait pas ces préparatifs, et mériterait d'être traité comme tous les autres Égyptiens.

Attirez l'attention sur le changement d'attitude du peuple envers Moïse et Aaron depuis que Dieu avait montré sa puissance dans les plaies, car au début ils ne voulaient pas les écouter « à cause de l'impatience de l'esprit et de la servitude cruelle », et maintenant ils obéirent aux les moindres prescriptions de Moïse en prévision de l'exode.

Après avoir terminé le récit, essayez d'en ramener la morale en relation avec la célébration de la Pâque, afin que cette célébration, dans sa récurrence annuelle, puisse, par association d'idées, renforcer la leçon que vous enseignez. Parlez à la classe de la façon suivante : « Pouvez-vous imaginer à quel point nos ancêtres se sentaient heureux lorsqu'ils reçurent le signal de quitter l'Égypte ? Pensez au changement que cela signifiait pour eux. Ils n'auraient plus besoin de se lever tôt le matin pour travailler. , travaillent, travaillent toute la journée pour Pharaon et ne reçoivent rien en échange de leur travail. Ils n'auraient plus un maître d'oeuvre debout au-dessus d'eux avec un fouet prêt à les battre cruellement s'ils ne finissaient pas le nombre de briques requis, même s'ils auraient pu être trop vieux ou trop malades pour le faire. Ils n'auraient plus à faire tout ce que les Égyptiens leur commandaient et n'auraient plus à craindre même de sacrifier à leur Dieu, de peur que l'adorateur d'idoles égyptien ne les lapide. vers lesquels ils allaient, et même dans la Terre Promise vers laquelle Dieu les conduisait, ils devraient travailler dur comme bergers et agriculteurs, mais ils s'occuperaient de leurs propres troupeaux et travailleraient dans leurs propres fermes. et ils pouvaient obéir et servir leur Dieu sans interférence, se reposer pendant ses jours saints et se sacrifier quand et où ils le voulaient. Ne pensez-vous pas que si vous aviez vécu en Égypte à cette époque, vous vous seriez senti heureux et reconnaissant envers Dieu et toujours prêt à réaliser ses souhaits pour vous avoir fait sortir de l'esclavage à la liberté ? Ne ressentiriez-vous pas chaque année, lorsque viendrait le 15 Nisan, que vous voudriez le célébrer comme une grande fête joyeuse au cours de laquelle vous remercieriez Dieu pour l'heureux changement qu'Il a apporté dans votre vie, et ne pensez-vous pas que si vous Si vous aviez des enfants, vous ne vous lasseriez jamais de leur raconter cette histoire, notamment à l'occasion de l'anniversaire du grand événement, afin qu'eux aussi remercient Dieu pour la liberté dont ils ont la possibilité de jouir ? Eh bien, c'est ce que faisaient nos ancêtres. Chaque année, ils célébraient la sortie d'Egypte et ils racontaient l'histoire de la sortie d'Egypte à leurs enfants et leur enseignaient à la célébrer, et ainsi l'observance de ce jour a été maintenue jusqu'à nos jours, et j'espère que vous le ferez. apprenez un jour à vos enfants à l'observer. L'un d'entre vous peut-il me donner le nom de ce festival ? Lorsque nos pères racontaient l'histoire de la délivrance d'Israël d' Égypte par Dieu , ils essayaient d'avoir à portée de main tout ce qui pourrait leur rappeler tout ce qui s'était passé ce grand jour. Pour leur rappeler l'agneau qu'ils avaient abattu, ils sacrifiaient autrefois un agneau et le mangeaient en famille, comme ils le faisaient en Egypte ; et plus tard, lorsque les sacrifices n'étaient plus offerts, ils avaient, comme nous l'avons aujourd'hui, pour souvenir, un os d'agneau rôti sur leur table les deux premières nuits de la Pâque. Pour leur rappeler la hâte avec laquelle ils quittèrent l'Egypte sans pouvoir faire lever leur pain (le professeur devra expliquer le sens du mot levain), ils firent une loi de manger *du ma ẓẓ ot* pendant cette fête. Pouvez-vous me parler de certaines des autres choses sur la table du Seder à Pesah ? (Au fur et à mesure qu'elles sont mentionnées, laissez l'enseignant expliquer leur signification.) Lorsque vous avez vu toutes ces choses à la table du Seder, n'avez-vous pas toujours eu envie de demander ce qu'elles signifiaient toutes ? Combien d'entre vous ont déjà dit le נִשְׁתַּנָּה Et le soir du Seder ? Eh bien, cela contient un certain nombre de questions de ce type. Quand vous avez fini de les lire , votre père a commencé à lire des extraits de la Haggadah, n'est-ce pas ? Il a lu la réponse, qui explique pourquoi nous célébrons Pessah, et voici comment cela commence : « Nous étions esclaves au pays d'Égypte, et l'Éternel, notre Dieu, nous en a fait sortir à main puissante et à bras tendu. bras, et si le Saint, béni soit-Il, n'avait pas fait sortir nos ancêtres d'Egypte, nous, nos enfants et les enfants de nos enfants aurions pu continuer à être esclaves des Pharaons en Egypte. Par conséquent, même si nous étions tous de grands savants, tous des hommes intelligents, tous instruits dans la Torah, il serait néanmoins de notre devoir de raconter la sortie d'Egypte, et plus on raconte la sortie d'Egypte, plus l'un doit être loué.'"

Les enfants devraient être encouragés à discuter très librement de la célébration de la Pâque, telle qu'elle est observée dans leur propre foyer, car c'est une excellente occasion de corréler leur instruction scolaire avec leur vie familiale.

CHAPITRE VII

ISRAËL À LA MER ROUGE
Exode 13.17 à 15.21

Interprétation. Avec ce chapitre commence une nouvelle période de l'histoire juive, la période de formation, au cours de laquelle la horde non organisée de réfugiés de la servitude égyptienne acquiert le caractère d'une grande nation grâce aux circonstances providentielles de son histoire et au génie inspiré de son chef. Cette période est remplie de miracles. Le rationalisme moderne peut tenter de les expliquer, et il est fort possible que des événements que, si nous les avions vécus, nous aurions pu attribuer au fonctionnement des lois naturelles, aient été ressentis par nos ancêtres, avec leur connaissance plus limitée de la nature, comme des miracles. et étaient considérés comme tels. Mais quelle que soit la façon dont nous nous représentons les incidents qui ont eu lieu, nous devons y reconnaître la main de la Providence et non seulement un hasard historique. On peut, si l'on veut, considérer la séparation de la mer Rouge comme un phénomène de marée, la colonne de nuages et de flammes comme un nuage volcanique, mais il faut, dans ce cas, croire que ce phénomène de marée et ce nuage volcanique ont été conçus pour les conseils de notre peuple. Aucun enseignant qui ne croit pas que les diverses vicissitudes de notre peuple dans le désert étaient destinées à le préserver et à le préparer à sa carrière historique, en tant que porte-étendard de la Torah, ne peut enseigner de manière appropriée cette période de notre histoire car, sans une telle conception, la majorité des événements enregistrés n'auraient aucun sens.

Les chapitres de cette leçon contiennent des expériences et des réflexions typiques de toute la période du désert. Notons d'abord l'explication du parcours détourné des Israélites, qui énonce la raison fondamentale de toute cette période d'épreuves et de vicissitudes. Ils ne devaient pas se rendre en Terre Promise par la Philistie, car ce chemin était trop court, et ils auraient pu être tentés, au premier refus, de retourner en Egypte, car seul ce qui a été conquis au prix d'efforts et le sacrifice peut être pleinement apprécié. L'importance de prendre en considération ce facteur psychologique ressort clairement de la conduite d'Israël à la mer Rouge, lorsque le premier obstacle qui se présente à eux les amène à murmurer contre la direction de Moïse et à comparer de manière désobligeante leur situation actuelle avec celle qui avait été la leur. été leur sort en Egypte. C'est un état de fait que l'on retrouve à maintes reprises dans l'histoire de cette période, et qui souligne le caractère providentiel des événements qui ont pu transformer cette horde d'esclaves portant le sceau de l'esclavage sur le cœur en une nation conquérante consciente d'une grande mission historique.

But. Le but de cette leçon est d'inspirer à l'enfant la croyance en la providence de Dieu exercée sur son peuple, Israël.

Suggestions au professeur. Commencez la leçon en soulignant que Dieu a tenu sa promesse de libérer les Israélites d'Égypte. Mais où allaient-ils maintenant ? Rappelez par des questions, la promesse de Dieu aux patriarches de donner Canaan aux Israélites. Rappelez-vous également le désir de Jacob d'être enterré en Palestine et la demande similaire de Joseph. Localisez ensuite la Palestine et l'Égypte sur la carte et indiquez à l'échelle des kilomètres la distance qui les sépare. Observez que si les Israélites pouvaient parcourir vingt milles par jour au cours de leur voyage, il leur faudrait un peu plus de deux semaines pour terminer le voyage. "Mais, continuez-vous, Dieu ne les a pas conduits directement au pays de Canaan, parce que le peuple n'était pas disposé à conserver son propre pays." On peut utiliser l'illustration suivante pour expliquer clairement la raison :

" Si l'on ouvre la cage d'un canari né et élevé dans une cage, il ne s'envolera pas immédiatement ; il restera quelque temps dans la cage, craignant de le quitter, puis il sortira un peu timidement. et si quelque chose l'effraie, il se précipitera dans sa cage. Maintenant, les Israélites étaient en Égypte comme un oiseau en cage. Ils n'étaient pas libres d'aller où ils voulaient et de faire ce qu'ils voulaient. Puis tout d'un coup, ils étaient libres " Mais ils étaient tellement habitués à ce que les Égyptiens leur disent toujours ce qu'ils devaient faire, qu'ils avaient peur de faire les choses par eux-mêmes et, en fait, ne savaient pas comment. Dieu savait que s'ils venaient en Canaan, et ils y virent une armée de Cananéens venant les attaquer pour les combattre, ils seraient si effrayés qu'au lieu de les combattre avec audace et courage, ils retourneraient aussitôt en Égypte et deviendraient esclaves de Pharaon, tout comme l'oiseau retourne dans la cage. quand il a peur. Dieu a donc décidé de ne pas les emmener immédiatement dans leur propre pays, mais de les conduire par un chemin détourné avec de nombreux détours et détours , afin qu'ils ne sachent pas comment retourner en Égypte s'ils le voulaient. fais-le." (Montrez sur la carte la route directe possible vers les Israélites et la route réelle qu'ils ont empruntée.) "Et maintenant, je vais vous raconter quelque chose qui s'est passé et qui vous montrera comment, à la toute première difficulté, beaucoup d'Israélites voulaient pour retourner en Egypte et comment Dieu les a sauvés de leurs ennuis.

Racontez ensuite l'histoire de leurs pérégrinations, guidés par la colonne de nuée et de feu, la poursuite du Pharaon et la traversée de la mer Rouge. Insistez sur le dilemme auquel les Israélites étaient confrontés à la mer Rouge, et sur leur état d'esprit qui en résultait, qui est révélé dans Exode 14.10-12. Ces plaintes doivent être citées dans le langage de la Bible. Il pourrait être demandé aux enfants de mémoriser la réponse de Moïse, qui résume le message de la leçon : « Restez immobiles et voyez le salut du Seigneur ». Lisez à la classe le chant de Moïse et encouragez-les à mémoriser les versets préférés du chant.

CHAPITRE VIII

DE LA MER ROUGE AU SINAI
Exode 15.22 à 18.27

Interprétation. La signification des événements qui ont eu lieu à Marah, dans le désert de Sin, et à Rephidim est la même que celle rapportée dans le chapitre précédent. L'antagonisme ressenti à l'égard d'Amalek, qui en a fait l'archétype de tous les ennemis historiques d'Israël, s'explique par le fait qu'il a été le premier à faire tout son possible pour s'opposer à Israël, en l'attaquant là où il était faible à une époque. et d'une manière qui, en raison de l'absence de toute provocation évidente, a impressionné les Israélites comme une tentative directe de faire échouer le dessein de Dieu en les faisant sortir d'Egypte. Ceci est suggéré par les mots : « La main sur le trône du Seigneur ; le Seigneur fera la guerre à Amalek de génération en génération. » (Exode 17.16.) Ainsi, Ibn Ezra dit dans son commentaire d'Exode 17.14 : « La raison pour laquelle Dieu dit : 41 effacera complètement le souvenir d'Amalek », c'est parce qu'il a provoqué l'Éternel, car les ducs de Edom avait été terrifié par sa crainte à cause des miracles qu'il avait accomplis en Égypte et à la mer Rouge, ainsi que Moab et la Philistie. Et voici, Amalek entendait parler des hauts faits de l'Éternel en sa faveur. Un membre de son peuple, Israël, est venu d'une région lointaine pour combattre Israël, et il ne craignait pas l'Éternel, comme il est écrit (Deutéronome 25 : 18), « et il ne craignait pas l'Éternel ». L'incident de la victoire des Israélites, tant que les mains de Moïse étaient levées, doit être expliqué comme les rabbins l'expliquent dans la Mishna (Rosh ha-Shanah III. 8). « Les mains de Moïse pourraient-elles, d'une manière ou d'une autre, faire ou défaire une victoire comme on nous le dit : « Et il arriva que lorsque Moïse leva la main, Israël prévalut » ? Cela ne peut que signifier que tant que les Israélites ont regardé vers le haut et ont soumis leur cœur à leur Père céleste, ils ont prévalu, et quand ils ne l'ont pas fait, ils sont tombés.

La visite de Jethro est enregistrée comme un contraste avec l'épisode précédent. Jéthro est le type du « prosélyte juste » qui, voyant le dessein de Dieu en exaltant Israël, cherche à s'identifier à la cause d'Israël.

But. Le but de cette leçon est le même que celui de la précédente.

Suggestions au professeur. L'enseignement de cette leçon ne présente pas de grandes difficultés, les événements racontés étant en eux-mêmes intéressants pour les enfants. Essayez d'aider l'enfant à prendre conscience des difficultés liées à l'errance dans la nature sauvage en décrivant les caractéristiques géographiques de la nature sauvage, le manque de routes, d'eau, de nourriture pour les hommes et le bétail, la peur des bêtes sauvages et des tribus en maraude. comme Amalek, le manque de logements, etc. S'efforcer de faire comprendre à l'enfant ce que ressentaient les Israélites, en comparant ces conditions avec celles qui existaient dans la fertile vallée du Nil. Cela les aidera à comprendre les murmures contre Moïse et la tâche ingrate que Moïse avait assumée en dirigeant les Israélites. Ne manquez pas de faire appel à leur culte de héros en soulignant le altruisme de Moïse qui a continué à diriger le peuple malgré son ingratitude. Dans l'enseignement de la double portion de manne, qu'ils ramassaient la veille du sabbat, on peut l'associer aux deux miches de pain utilisées lors du repas du sabbat au domicile de l'enfant. En racontant l'attaque d'Amalek, il convient d'atténuer la dureté de l'injonction biblique de se souvenir de ce qu'Amalek nous a fait, en y associant la morale enseignée par le Midrash suivant :

« À quoi peuvent être comparés les enfants d'Israël (à ce stade) ? À un enfant qui était porté sur les épaules de son père dans la rue et chaque fois qu'il voyait un objet qu'il désirait, il disait à son père : « Achète-le pour moi', et son père l'achetait pour lui. Cela s'est produit une fois, deux fois, trois fois. Pendant qu'ils procédaient ainsi, l'enfant a vu l'ami de son père et lui a demandé : 'As-tu vu quelque chose de mon père ?' Là-dessus, le père s'offusqua et dit : "Imbécile ! tu montes sur mes épaules, et tout ce que tu veux, je te le fournis et pourtant tu oses demander à cet homme : "As-tu vu quelque chose de mon père ?" " Alors qu'a fait le père " Il déposa l'enfant et refusa de le porter plus loin. Juste à ce moment-là, un chien vint et mordit l'enfant. Telle était la conduite d'Israël. Lorsqu'ils sortirent d'Egypte, Dieu les entoura aussitôt de nuages de gloire. Ils désirèrent la manne ; le Saint, béni soit-Il, la leur donna. Ils désirèrent des cailles ; Il le leur donna. Tout ce dont ils avaient besoin, Il le leur donna. Néanmoins, ils commencèrent à douter et dirent : « Le Seigneur est-il parmi nous ou non ? » ?' (Exode 17, 7.) Alors le Saint, qu'il soit béni, leur dit : " Tant que vous êtes vivants, je vous le ferai savoir. Voici, le chien arrive et il vous mordra. " Et qui est le chien ? Amalek, comme il est dit : « Et Amalek vint », etc.

Lors de l'enseignement de cette leçon et d'autres leçons similaires, il est important de localiser tous les lieux sur la carte, car cela donne une plus grande réalité aux histoires. L'association d'une légende avec un lieu particulier a toujours eu pour effet sur les esprits simples de la rendre plus digne de foi, et il est bon d'utiliser ce fait psychologique afin de donner un sentiment de fiabilité et de réalité au récit biblique. Montrer des photos des lieux mentionnés est une aide encore plus précieuse, qu'il convient également d'utiliser autant que possible.

CHAPITRE IX

LA RÉVÉLATION
Exode 19.1 à 20.18

Interprétation. L'événement qui fait l'objet de cette leçon est sans exception l'événement le plus important de l'histoire juive et, du point de vue du judaïsme, de l'histoire du monde. Toute l'histoire juive antérieure y mène ; toute l'histoire juive ultérieure y renvoie. Dans l'histoire des Patriarches, le thème central est le choix du matériau à partir duquel cette nation doit naître, qui acceptera la Torah et s'engagera à vivre pour et par elle. Le thème central de l'histoire de l'exode est la préparation du peuple à cet événement, l'achat d'Israël par Dieu, pour reprendre l'expression biblique, de la part de ses maîtres, afin qu'il puisse servir Dieu seul. Et le thème central de toute l'histoire juive ultérieure est la lutte pour que les principes de cette Torah dominent sur Israël et pour protéger ses idéaux et les institutions auxquelles elle a donné naissance contre l'agression étrangère d'une part, et la séduction étrangère d'autre part. . L'événement de la grande Révélation est donc de la plus haute importance.

Que s'est-il passé au mont Sinaï ? Quelque chose de la crainte qui a imposé des limites autour de la montagne que les gens n'osaient pas franchir doit être nôtre, alors que nous abordons ce sujet. Nous devons comprendre qu'un événement comme celui-ci ne peut être enregistré dans les termes de notre expérience quotidienne. Nous ne pouvons que deviner, et vaguement, ce que cette expérience signifiait pour nos ancêtres à partir des récits qu'ils nous ont laissés, revêtus de toute l'imagerie poétique de notre récit biblique. Au Sinaï, au milieu d'un environnement naturel des plus impressionnants, tonnerre, éclairs, tremblements de terre, feu et fumée, les gens prirent conscience de la présence de Dieu, comme ils n'avaient jamais eu conscience de sa présence auparavant. Et tout en étant ainsi impressionnés par la puissance infinie du Dieu qui les avait fait sortir d'Égypte afin qu'ils puissent l'adorer là-bas dans le désert, ils conclurent une alliance avec lui. Sous la direction inspirée du plus grand de tous les prophètes, ils comprirent que ce Dieu exigeait l'obéissance à la loi, comme condition pour continuer à être leur Dieu et à les conduire comme son peuple, qu'il avait racheté d'Égypte.

Et le contenu de cette alliance révélée est le Décalogue, le code moral le plus important de l'histoire du monde, qui a exercé sur l'humanité une influence plus profonde et plus bénéfique que tout autre. Après avoir insisté sur la reconnaissance du Dieu qui a racheté Israël d'Egypte comme l'unique source de toute autorité et l'unique objet de culte, et après s'être efforcé d'obtenir la reconnaissance de ces prétentions en enjoignant le respect du nom de Dieu, ce code énonce des lois régissant tout. les relations humaines les plus importantes . Il insiste sur le caractère sacré du foyer, tant dans le lien entre mari et femme qu'entre parent et enfant. Il insiste sur le caractère sacré de la vie humaine et garantit le droit de propriété, essentiel au développement humain. Elle exige la vérité et la justice dans l'administration du droit. Elle s'occupe peu des formes cérémoniales, mais elle insiste néanmoins sur l'observance du sabbat, sans lequel l'homme ne peut accéder à la pleine dignité humaine et à la consécration de la vie mais sombre au niveau d'une bête de somme ou d'un automate, assurant mécaniquement les moyens de vie sans le loisir d'en contempler les fins. Le Décalogue ne s'intéresse pas non plus uniquement aux actes manifestes de l'homme, mais exige la pureté des motifs, car il condamne la convoitise au même titre que le vol et l'adultère.

La révélation sur le mont Sinaï signifiait pour l'âme d'Israël ce que l'expérience de l'appel prophétique signifiait pour le prophète, lorsqu'il entendit pour la première fois la voix de Dieu le nommant à une mission à laquelle il n'avait pas rêvé auparavant. Israël quitta l'Egypte comme une horde fugitive, vint au Sinaï et s'y transforma en une grande nation, consciente d'une mission historique qui la distinguait et l'exaltait au-dessus des autres peuples, pour devenir « un royaume de prêtres et une nation sainte ». (Exode 19, 6.) Israël n'a pas toujours été fidèle à cette mission, n'a peut-être jamais été à la hauteur de toutes ses implications, mais depuis lors, Israël ne l'a jamais complètement oubliée, n'a jamais perdu confiance en elle.

En soulignant l'importance du Décalogue, il ne faut cependant pas perdre de vue le fait que les Dix Commandements n'étaient pas les seules lois qui furent révélées à Moïse sur le Sinaï, et que l'alliance sinaïtique impliquait non seulement l'obéissance au Décalogue, mais aussi l'obéissance au Décalogue. l'obéissance à toutes les autres lois auxquelles le judaïsme attribue une origine divine. Selon la tradition, de nombreuses lois orales, qui ne figurent pas dans la Bible, étaient *halakah. lemosheh misinai* , « Lois révélées à Moïse sur le Sinaï ». La critique historique peut suggérer une origine ultérieure à la plupart de ces lois et même à de nombreuses lois du Pentateuque, mais rien dans le récit biblique ne limite la révélation au Décalogue et, selon la croyance juive, toute la Torah est révélée.

But. Le but de cette leçon devrait être d'inspirer à l'enfant le respect de la Loi et la foi en son origine divine et son autorité sur lui.

Suggestions au professeur. L'enseignant peut très bien commencer la leçon en attirant l'attention de l'enfant sur la lecture du Sefer Torah à la synagogue. Demandez si le Sefer Torah ressemble, en apparence, à n'importe quel autre livre, et laissez les enfants expliquer les différences évidentes. Informez-les des différences dont ils ne se rendent pas compte, comme par exemple que c'est toujours écrit à la main et sur parchemin, avec une encre spécialement préparée à cet effet, etc. Continuez ensuite un peu ainsi :

« Maintenant, savez-vous pourquoi nous traitons toujours ce livre différemment des autres livres, pourquoi nous prenons tant de peine à l'écrire, pourquoi nous l'écrivons toujours sur du parchemin solide plutôt que sur du papier qui peut se déchirer facilement ? Pourquoi nous l'habillons, pour ainsi dire. , en velours ou autres beaux revêtements ? Pourquoi le décorons-nous avec des ornements en argent ou en or ? Pourquoi le gardons-nous dans la plus belle partie de la synagogue ? C'est parce que ce livre est différent de tous les autres livres. Ce livre contient la parole de Dieu , que Dieu lui-même a enseigné au peuple d'Israël dans les temps anciens et qui a été transmis de père en fils jusqu'à nos jours. Il contient l'histoire que nous avons apprise, mais il contient bien plus encore. Il contient des lois et des commandements qui Dieu veut que nous les respections, et quiconque obéit à toutes ces lois et commandements est un bon Juif. Dans la leçon que nous aborderons aujourd'hui, nous apprendrons comment Dieu a commencé à enseigner ces lois à nos pères, et nous apprendrons certaines des plus importante de ces lois de Dieu, qui sont si importantes que toutes les nations civilisées en ont fait une partie de leur loi.

La grande tâche de l'enseignant dans cette leçon est de créer cette atmosphère de respect et de respect avec laquelle le récit biblique investit l'épisode de l'Apocalypse. La simple explication de la signification des Dix Commandements ne suffit pas pour y parvenir , car la signification de leur contenu dépasse en grande partie la compréhension de l'enfant et leur forme est trop abstraite pour lui plaire émotionnellement. Le point de contact que nous avons suggéré aidera quelque peu en associant à la Révélation le respect que l'enfant voit accordé au Sefer Torah dans la synagogue. [11] Un suivi attentif du récit biblique suggère d'autres dispositifs. Le peuple d'Israël devait se préparer pendant trois jours, et la nécessité de cette préparation le maintenait dans une attitude de suspense et d'attention conscients. Le récit de ces préparatifs aura un effet similaire. Essayez d'éveiller la curiosité des enfants quant à ce que Dieu allait dire à Israël avant de commencer à leur enseigner les dix commandements. Exode 19. 3-6 devrait être cité et expliqué. Le fait que Moïse et Aaron devaient fixer des limites autour de la montagne au-delà desquelles personne d'autre que celui que Dieu a appelé ne pouvait passer, ajoute également au caractère impressionnant de l'occasion, qui ne sera pas perdu pour les enfants. Enfin, les perturbations concomitantes de la nature, les tonnerres, les éclairs, les tremblements , les flammes et les ténèbres épaisses, et la voix du Shofar devenant de plus en plus forte, ainsi que l'image du peuple tremblant au pied de la montagne et de Moïse s'en allant. seul dans "l'obscurité épaisse où se trouvait Dieu" doit être raconté en termes graphiques tels qu'ils les impressionneront profondément dans l'imagination de l'enfant. Au lieu de dire aux enfants les Dix Commandements sur le ton de conversation habituel que vous emploieriez naturellement lorsque vous vous adressez aux enfants, il serait bien dans ce cas de leur lire le récit biblique d'Exode 19.16 à 20.21, et d'exiger que lorsque vous en arrivez au véritable Après la lecture du Décalogue, la classe se lève comme le fait la congrégation lors de la lecture à la synagogue et reste debout jusqu'à ce que la lecture des Dix Commandements soit terminée.

Bien entendu, les enfants comprendront très peu de choses de la signification des Dix Commandements grâce à cette lecture, mais ils comprendront et absorberont l'attitude révérencieuse de l'enseignant à leur égard. Après la lecture, il appartient cependant à l'enseignant d'expliquer leur signification aux enfants, dans la mesure où cela peut être fait. Évitez cependant les traitements trop longs et discursifs, car l'enfant serait impatient de poursuivre l'histoire. Un traitement plus détaillé de ces sujets devrait être abordé plus tard dans le cours, soit lorsque les enfants apprendront à traduire le Décalogue dans leur œuvre hébraïque, soit en relation avec l'enseignement sur la signification de Shabouot , soit dans le cadre du travail d'un Bar Mitzvah, ou cours de confirmation, ou à plusieurs ou à la totalité de ces occasions, mais pas comme une longue interruption de « l'histoire » de la Bible qui intéresse le plus les enfants dans leurs premières années d'école.

Le Premier Commandement peut cependant être expliqué très facilement comme impliquant l'adoration reconnaissante de Dieu par Israël et l'obéissance à toutes ses lois comme le premier devoir du Juif compte tenu de ce que Dieu avait fait pour son peuple en Égypte.

Le Deuxième Commandement ne présente aucune difficulté, car le péché et la folie de l'idolâtrie, l'adoration de la créature au lieu du Créateur, sont facilement compris par les enfants. Comme l'enfant ne sera pas tenté par l'idolâtrie, il n'est pas nécessaire de lui accorder beaucoup de temps.

Le Troisième Commandement, cependant, devrait recevoir plus d'attention qu'il ne le fait habituellement. Rien n'est plus propice à cet esprit de révérence, que le but de cette leçon est de cultiver, que l'évitement conscient du nom de Dieu, sauf en association avec une pensée véritablement religieuse. Les grossièretés sont un vice courant chez les enfants comme chez les adultes. Les enfants, surtout à l'âge où ils développent une dépendance, devraient avoir le sentiment que c'est un péché et qu'il faut l'éviter. [12]

Le Quatrième Commandement est également de la plus haute importance pour l'enfance. Comme ce n'est pas la première fois qu'il est fait référence au sabbat, l'enseignant peut considérer comme acquise la connaissance de la signification générale du sabbat et devrait principalement s'attarder sur la

signification de l'expression « le sanctifier » en posant la question suivante :
les enfants, ce que nous faisons pour garder le sabbat saint, i . e., différent
des autres jours et consacré aux pensées juives. Profitez de l'occasion pour
avertir les enfants de ne pas aller au théâtre, aux films, etc., le jour du sabbat,
et encouragez-les à assister aux offices.

Le Cinquième Commandement est bien entendu la première loi de
l'enfance. En discutant avec les enfants, essayez d'obtenir d'eux des
suggestions sur la manière d'honorer leurs parents. Encouragez des règles
d'étiquette familiale telles que ne jamais contredire le père ou la mère, ne
jamais s'asseoir à la place du père ou de la mère à table, toujours se lever et
donner à l'un d'eux une place si les autres chaises de la pièce sont occupées
lorsqu'ils entrent, et le genre.

Le sixième commandement ne nécessite pas de discussion prolongée.

Le Septième Commandement doit être expliqué comme signifiant que
mari et femme doivent toujours être fidèles et gentils l'un envers l'autre.

Le Huitième Commandement mérite quelques discussions, car les enfants
sont souvent enclins à commettre de petits vols. Dans le code moral de
nombreux enfants, voler signifie prendre de l'argent ou des objets de grande
valeur, mais l'appropriation de petits objets, comme des stylos, des crayons,
des craies, etc., n'entre pas dans la même catégorie. De plus, voler signifie
seulement prendre quelque chose dans la main ou dans la poche d'autrui, et
n'inclut pas l'appropriation d'un objet que son propriétaire a négligemment
laissé là où un autre pourrait le réclamer en vertu de la loi de la "Trouver-
garder", qui, selon le code de l'enfance , est souvent considéré comme
s'appliquant même lorsque le chercheur sait à qui appartient l'objet trouvé.
Le devoir de l'enseignant est donc de profiter de cette occasion pour élargir
la conception du vol chez l'enfant et développer son sens de la propriété,
sens qui est naturellement défectueux chez les enfants, puisqu'ils ne gagnent
ni ne détiennent de propriété en propre. Évitez cependant les discussions
abstraites et purement théoriques et faites valoir votre point de vue en
présentant des exemples hypothétiques concrets pour l'exercice de leur
jugement moral, comme par exemple :

"Je suis sûr qu'aucun d'entre vous ne prendrait à qui que ce soit de l'argent
ou quoi que ce soit d'autre qui lui semble de grande valeur, mais supposons
que vous voyiez un petit bout de crayon qu'un garçon avait laissé sur son
bureau et que vous le vouliez simplement, ou un un morceau de craie du
tableau noir, ou un fruit ou un bonbon que vous avez vu sur le bureau de
votre voisin, serait-il bon que vous le preniez ? Si vous voyiez de l'argent dans
la rue et que vous ne saviez pas comment il est arrivé là, le feriez-vous Le

prendriez-vous ? Si vous voyiez de l'argent tomber de la poche d'un homme dans la rue, le prendriez-vous ? Si vous trouviez un portefeuille et que lorsque vous l'ouvriez, vous voyiez qu'il y avait une carte avec le nom et l'adresse du propriétaire dessus, qu'est-ce qui " Si vous trouviez un portefeuille ou de l'argent, ou des crayons ou des livres dans cette école, que feriez-vous, etc. ?
"

Le sens du Neuvième Commandement doit être étendu pour enjoindre la véracité en général. Par des méthodes similaires à celles utilisées pour expliquer le Huitième, l'enseignant doit étendre le concept de mensonge de l'enfant pour inclure toute sorte de tromperie consciente, le mensonge silencieux autant que le mensonge parlé.

Le dixième commandement est un peu trop subtil et raffiné pour être compris par l'enfant et il n'est pas nécessaire de s'y attarder longuement. L'enseignant n'a qu'à expliquer que vouloir voler, même si nous sommes empêchés de voler parce que nous avons peur de la police, ou de nos professeurs, ou de toute punition, est tout aussi mauvais que de voler.

CHAPITRE X

LE VEAU D'OR
Exode 32.1 à 34.35

Interprétation. Le peuple d'Israël ne pouvait pas s'élever immédiatement à la hauteur de cette conception de Dieu qui lui avait été révélée au Sinaï. Tant que Moïse était avec eux pour leur annoncer la parole du Seigneur, ils trouvaient possible de croire en Dieu, même s'ils ne le voyaient pas, car il leur parlait quotidiennement par la bouche de son serviteur désigné, Moïse. Mais Moïse avait disparu dans les ténèbres épaisses, et des jours et des semaines s'étaient écoulés sans son retour. Cela rendait de plus en plus difficile pour eux l'expérience de la réalité du Dieu invisible, qui les avait fait sortir d'Égypte. Ils exigeaient donc une image vers laquelle ils pourraient se tourner et qui pourrait leur rappeler l'objet de leur adoration. Leur intention n'était pas tant d'échanger le Dieu qui les avait conduits d'Egypte contre un autre que de l'imager pour aider à leur dévotion. Ils ont sans aucun doute parlé de bonne foi lorsqu'ils ont déclaré : « Ceci est ton dieu, ô Israël ». Qu'ils l'adorent sous la forme d'un taureau (car le veau doit être compris comme la petite image d'un taureau, petite en raison du métal précieux employé) n'est pas surprenant compte tenu de la conception commune de la divinité selon laquelle forme, à la fois en Égypte et en Canaan. Aaron cède à contrecœur à leurs importunités, et le peuple se réjouit d'avoir un Dieu qui peut marcher devant lui.

Mais Moïse ne pouvait pas céder. Cela aurait signifié abandonner tout ce qui avait été acquis d'une manière spirituelle par l'Exode et la Révélation. L'apostasie du peuple tout entier, que cet acte menaçait, aurait rendu vaine toute sa mission. Son sentiment de désespoir est bien rendu par le récit biblique de l'incident de la rupture des tables de pierre sur lesquelles les paroles du Décalogue étaient inscrites. Il fallait un remède radical et Moïse n'hésita pas à l'appliquer. Le soutien qu'il reçut de la tribu de Lévi justifiait sa prétention à être la tribu sacerdotale.

C'est à propos de cet événement que le personnage de Moïse se révèle dans son aspect le plus sublime, celui du parfait intercesseur. Son zèle n'a pas hésité à appliquer la plus grande rigueur pour punir les délinquants qui ne se rallieraient pas à son appel, mais une fois la punition nécessaire administrée, sa seule pensée est à son peuple, comment il pourrait encore être en mesure de remplir la mission de qu'ils s'étaient engagés le jour de la Révélation. Dieu suggère de détruire le peuple qui a renoncé à ses prétentions à la rédemption et de faire des descendants de Moïse un peuple élu, mais Moïse, le chef idéal, à qui sa charge est plus chère que lui, n'est pas satisfait. Il préférerait partager le châtiment de son peuple coupable plutôt que de jouir d'un salut et d'une gloire égoïstes dont il doit être exclu. (Exode 32.32.) Alors Dieu cède à son appel et accepte de laisser le peuple retourner au pays de ses pères et de chasser ses ennemis devant lui conformément aux termes de l'alliance qu'il avait conclue avec Israël après la Révélation. Il y est dit (Exode 23.20 à 22) « Voici, j'envoie un ange devant toi, pour te garder le chemin et pour te conduire au lieu que j'ai préparé. Prends garde à lui et écoute sa voix, sois attentif à lui. ne te rebelle pas contre lui, car il ne pardonnera pas ta transgression, car mon nom est en lui. Mais si tu écoutes sa voix et fais tout ce que je dis, alors je serai l'ennemi de tes ennemis et l'adversaire de tes ennemis. adversaires. » La réponse de Dieu à Moïse est donc (Exode 32. 33) : « Quiconque aura péché contre moi, je l'effacerai de mon livre. Et maintenant, va, conduis le peuple au lieu dont je t'ai parlé ; voici, Mon ange ira devant toi ; néanmoins , le jour où je visiterai, je visiterai leur péché sur eux. »... Et le Seigneur parla à Moïse : « Va-t'en, monte d'ici, toi et le peuple que tu as fait sortir. du pays d'Egypte au pays dont j'ai juré à Abraham, à Isaac et à Jacob, en disant : Je le donnerai à ta postérité, et j'enverrai un ange devant toi et je chasserai les Cananéens, les Amoréens, Hittites, Perizzites, Héviens et Jébusiens, vers un pays où coulent le lait et le miel ; car je ne monterai pas au milieu de toi ; car tu es un peuple au cou raide ; de peur que je ne te consume. de la manière." (Exode 33. 1-3.)

La signification générale des anges a été discutée dans un chapitre précédent. [13] Il convient cependant de noter que l'idée prévalait selon laquelle diverses nations étaient présidées par des anges spéciaux délégués à cet effet. Ainsi, Israël était conçu comme ayant été conduit hors d'Égypte par l'intermédiaire d'un ange, à qui était en outre confiée la tâche de conduire le peuple vers le pays de Canaan. Mais les anges, comme nous l'avons montré précédemment, ont été conçus comme n'ayant aucun pouvoir discrétionnaire, et cet ange de l'alliance n'était chargé de conduire Israël vers la Terre promise que si le peuple était fidèle à l'alliance. En cas d' infidélité, ils avaient été spécifiquement avertis : « Il ne pardonnera pas votre transgression ». Par conséquent, avec le péché du veau d'or, Moïse craint d'abord qu'Israël soit totalement condamné, mais il est rassuré par la déclaration de Dieu selon laquelle le châtiment qui doit venir sera infligé à chaque pécheur le « jour de ma visite » et n'impliquera pas la destruction immédiate du peuple tout entier ; qu'au contraire, l'ange continuerait à les conduire vers leur pays. Mais cela ne satisfait plus Moïse. Le péché du veau d'or l'avait convaincu que le peuple était trop faible pour respecter l'alliance qu'il avait acceptée au Sinaï, et que si sa destinée devait être présidée, comme celle des autres peuples, par un ange qui ne pouvaient pardonner aucune violation de l'alliance, ils étaient sûrs d'être détruits. Il plaide donc pour une relation plus intime avec Dieu, qui exempterait Israël des opérations de la loi naturelle du châtiment, en assurant le pardon du peuple compte tenu des tâches plus élevées qu'il s'est engagé à accomplir sans posséder apparemment de qualifications plus élevées. Si Israël doit simplement être conduit à la réalisation de sa destinée laïque par la conquête de Canaan, mais ne doit pas être plus étroitement identifié à la cause de Dieu, par la présence de Dieu parmi eux, Moïse préfère rester dans le désert. (Exode 33. 15.) La déclaration de Dieu : « Je ne monterai pas au milieu de toi » (Exode 33. 3), bien qu'elle survienne immédiatement après le renouvellement par Dieu de la promesse d'envoyer son ange pour conduire Israël au pays de Canaan, est l'occasion du deuil et du repentir. Moïse enlève du camp sa tente, dans laquelle il avait l'habitude de communier avec Dieu, et qui était par conséquent connue sous le nom d'Ohel Moed, « la tente de rencontre » (voir Rachi et Ibn Ezra ad loc.), sur le principe , selon Rachi, que לְמִיד ⊙לַת הַשֶׁמְנֶד לָרַב הַשֶׁמְנֶד "Le disciple ne doit avoir aucune relation avec celui qui est sous l'interdiction du maître." Le refus de Dieu d'entrer dans le camp d'Israël, Moïse l'interprète comme obligeant également son propre retrait du camp. Ici, il plaide auprès de Dieu pour une connaissance plus claire de ses voies afin qu'il puisse être capable de diriger le peuple comme Dieu lui avait demandé de le faire. Il veut que Dieu lui fasse connaître l'ange qu'il avait décidé d'envoyer avec lui. C'est alors qu'il reçoit l'assurance qu'il avait recherchée : « Ma présence t'accompagnera et je te donnerai du repos ». (Exode 33. 14.) Il se voit en outre accorder une révélation des attributs de Dieu, qui l'assure de la volonté de Dieu de pardonner le péché, sans toutefois le tolérer (Exode 34. 6, 7), et il lui est demandé de tailler de nouvelles tablettes. pour le Décalogue à la place de ceux qu'il avait brisés. Exode 33. 22, 23 présente des difficultés en raison des termes anthropomorphiques utilisés en référence à Dieu. L'idée générale qu'elle souhaite exprimer semble cependant être que personne ne peut saisir la véritable personnalité de Dieu, mais ne peut se rendre compte que par réflexion et pour ainsi dire rétrospectivement, qu'il a été en présence de Dieu, comme le dit la Bible. l'exprime, apercevez seulement Sa forme qui s'éloigne.

But. Le but de l'enseignement de ce chapitre devrait être de susciter chez l'enfant une appréciation du sens de la loyauté et de la fidélité, une leçon qui est enseignée négativement par la déloyauté d'Israël en adorant le veau d'or, et positivement par la loyauté de Moïse en intercédant pour son peuple. qu'en restant satisfait de sa jouissance individuelle de la faveur de Dieu.

Suggestions au professeur. Il existe de nombreuses leçons concernant le péché et la repentance et les attributs de Dieu et d'autres sujets théologiques qui sont enseignées dans ces chapitres, mais elles dépassent toutes la compréhension des enfants. Ils ont donc été exclus de notre formulation du but de l'enseignement de cette leçon, et l'enseignant devrait omettre les détails du récit qui ne mettent pas en valeur le but de la leçon, aussi intéressants soient-ils du point de vue de l'adulte. Ainsi, le récit d'Exode

33. 12 à 23 devrait être omis, ainsi qu'une grande partie du dialogue entre Dieu et Moïse. De plus, toute la discussion sur le rôle joué par l'ange de l'alliance et la demande de Moïse selon laquelle ce n'est pas un ange mais Dieu lui-même qui conduit le peuple, bien que nous y ayons longuement insisté dans nos remarques précédentes à l'intention de l'enseignant, il n'est pas nécessaire de l'enseigner à l'enfant.

Pour relier la leçon à la précédente, commencez par demander à l'un des enfants de répéter le deuxième commandement. Expliquez ensuite comment, en l'absence de Moïse, le peuple a commencé à avoir du mal à croire en un Dieu qu'il ne pouvait pas voir et, se rappelant les images des dieux qu'il avait connus, a exigé une image de son propre Dieu en violation de leur engagement à obéir au Décalogue. La conduite d'Aaron en cédant à leurs supplications n'a pas besoin d'être tolérée ou expliquée, car la seule atténuation suggérée par la Bible est l'importunité de la demande populaire. Cependant, l'enseignant doit s'efforcer de faire comprendre à ses élèves en leur racontant que chaque jour le peuple venait vers Aaron et lui disait : « Où est Moïse et où est le Dieu qui nous a parlé et qui, dit Moïse. , nous conduirait au pays de nos ancêtres ? Nous voulons le voir. Faites-nous une image de lui. Et même si Aaron les refusait, ils revenaient le lendemain et le surlendemain et insistaient pour qu'il fasse d'eux une image de leur Dieu comme les idoles auxquelles ils étaient habitués, jusqu'au jour où Aaron se lassa de leurs exigences et leur dit que s'ils voulaient une image de Dieu, ils devraient apporter tout leur or et leurs bijoux, leurs boucles d'oreilles, leurs bracelets et leurs bagues, avec lesquels il ferait d'eux une image.

Essayez de faire comprendre à l'enfant l'horreur de l'offense impliquée dans la fabrication du veau d'or, car l'idolâtrie est si éloignée de l'expérience de l'enfant qu'il ne sera probablement pas très impressionné par sa signification. Insistez non seulement sur la désobéissance impliquée dans la violation du Deuxième Commandement, mais aussi sur le blasphème impliqué dans la conception de Dieu sous une forme animale. L'attitude émotionnelle que l'enseignant devrait s'efforcer de créer devrait être celle qui a conduit nos ancêtres à toujours parler des dieux des autres nations comme des « abominations » des païens. Cela peut être fait en décrivant, pour ainsi dire, les sentiments de Dieu face au comportement d'Israël, comme, par exemple :

"Quand Dieu vit ce que faisait le peuple, comment il dansait et chantait autour du veau d'or et criait : " Ceci est ton dieu, ô Israël, qui t'a fait monter du pays d'Égypte ", Il fut très en colère. Seulement quarante jours auparavant, ils avaient entendu sa voix leur dire : "Tu n'auras pas d'autres dieux devant moi. Tu ne te feras aucune image taillée", et ils avaient promis : "Tout ce que l'Éternel a dit, nous le ferons", et là, ils adoraient un dieu en fusion qu'ils avaient fabriqué de leurs propres mains, une image d'un veau ; comme si un veau ou quelque chose de semblable avait pu envoyer les dix plaies contre l'Égypte, avoir pu diviser les eaux de la mer Rouge, avoir pu "Je leur ai dit les paroles des dix commandements du milieu de la montagne enflammée. Alors Dieu a d'abord voulu les détruire complètement, et il a dit à Moïse, qui était encore avec lui sur la montagne pour apprendre sa loi : " Va ; car ton peuple, que tu as fait sortir du pays d'Egypte, s'est corrompu, il s'est détourné promptement de la voie que je lui avais commandée ; ils en ont fait un veau de fonte, ils l'ont adoré, lui ont offert des sacrifices et ont dit : « Ceci est ton dieu, ô Israël, qui t'a fait monter du pays d'Égypte. » Voici, c'est un peuple au cou raide et ma colère s'enflamme contre eux, je les détruirai et je ferai de toi une grande nation.

Faites comprendre aux enfants la raison pour laquelle Moïse a violé les tables de la loi en leur faisant ressentir le désespoir de Moïse, lorsque, descendant de la montagne avec les tables à la main, il vit le peuple en train de violer la loi. des lois écrites sur eux. À quoi serviraient les tables de la loi si la loi elle-même n'était pas tenue pour sacrée ?

Le motif de Moïse pour ordonner la mort des coupables doit être expliqué comme n'étant pas dû à la haine, mais au fait qu'il se rendait compte que si une telle mesure n'était pas prise, le reste du peuple serait entraîné dans de nouveaux péchés, ce qui nécessiterait la destruction. du peuple tout entier en punition de sa méchanceté, tout comme un chirurgien peut amputer un membre pour sauver une vie. Attirez l'attention sur le fait que Moïse donne d'abord au peuple une chance de se rallier à lui s'il se repentait de sa participation au culte du veau d'or, chance dont Aaron et toute la tribu de Lévi ont profité. La pureté des motivations de Moïse se voit dans sa volonté d'accepter le même châtiment que son peuple, si Dieu n'est pas disposé à leur pardonner, plutôt que de jouir d'une récompense et d'un honneur auxquels ils ne partagent pas.

Tout en essayant d'impressionner l'enfant avec la sublimité du personnage de Moïse, veillez à ne pas tenter de caractérisation abstraite, mais racontez l'histoire de telle manière que l'enfant apprécie la signification des actes et des paroles de Moïse. Ne dites pas, par exemple : « Or, bien qu'il ait été zélé pour punir les Israélites qui s'étaient montrés déloyaux, Moïse était totalement désintéressé dans son amour pour Israël. » Dis plutôt : « Or, lorsque Moïse eut mis à mort ceux qui avaient persisté à adorer le veau d'or, il pria Dieu de pardonner les péchés des autres et de ne pas détruire tout le peuple. Car, bien que Dieu ait proposé d'épargner Moïse , qui n'avait pas péché, et même de faire de sa descendance une grande nation à la place des Israélites, qui méritaient d'être détruits, pensez-vous que cela ait rendu Moïse heureux ? Non, pour Moïse, bien qu'il n'ait pas hésité à punir son peuple selon le commandement de Dieu, il les aimait comme un père aime ses enfants, même lorsqu'ils font le mal, et cela lui faisait mal de penser que Dieu était en colère contre eux, même s'il jouissait lui-même de la faveur de Dieu. Alors il dit : « Ô Seigneur, si tu peux pardonner à ce peuple, pardonne-leur, mais sinon, ne fais pas de moi et de mes descendants une grande nation, mais efface-moi de ton livre', c'est-à-dire : 'Laisse-moi mourir et être oublié comme le reste des ces gens que j'ai dirigés et que j'aime si tendrement. Alors Dieu, ému par sa loyauté envers son peuple, a promis de lui pardonner et de continuer à le conduire vers son pays. »

Ne manquez pas de mentionner que lorsque Moïse descendit de la montagne, son visage brillait, car une telle circonstance ajoute au respect de l'enfant pour son héros.

Voici quelques questions suggestives qui peuvent aider à faire ressortir le but de la leçon pour les enfants :

Pourquoi les enfants d'Israël voulaient-ils qu'Aaron leur fasse un veau d'or ?

Ce faisant, à quel commandement ont-ils désobéi ?

Pourquoi Moïse a-t-il brisé les tables de pierre ?

Comment les Israélites ont-ils été punis pour leur péché ?

Qu'est-ce que Dieu a menacé de faire à Israël à cause de ce péché ? et que voulait-il faire à Moïse parce qu'il n'avait pas péché ?

Est-ce que cela a plu à Moïse ? Pourquoi pas? Qu'est-ce que Moïse a prié Dieu de faire ?

Dieu a-t-il exaucé cette prière ? Comment Dieu a-t-il montré qu'il avait pardonné à Israël ?

Comment a-t-il montré qu'il était satisfait de Moïse ?

CHAPITRE XI

LE TABERNACLE ET SON SERVICE
Exode 25.1 à 31.11 et 35.4 à 40.33

Interprétation. Les passages bibliques traitant de la construction du Tabernacle et de la nature de ses fonctions et des services qui y sont organisés sont dispersés dans un certain nombre de chapitres de notre Bible, mais à des fins pédagogiques, il est préférable de les considérer ensemble. Avant de discuter de détails, nous devons réaliser la signification du Tabernacle en général. Nous devons y voir le parent du temple et de la synagogue et comprendre sa signification à la lumière de l'importance de ces institutions pour le judaïsme ultérieur. "Qu'ils me fassent un sanctuaire pour que j'habite parmi eux". (Exode 25, 8.) Nos rabbins paraphrasent cela par les mots : « afin que je fasse habiter ma *Shekinah parmi eux* ». Dans la mesure où la *Shekinah* signifiait la Présence Divine manifestée, nous pouvons exprimer leur signification en termes plus modernes en déclarant que la fonction du tabernacle, du temple et de la synagogue est de nous faire réaliser la présence de Dieu, car bien que nous puissions théoriquement admettre Son existence sans De telles institutions, nous ne ressentirions pas la réalité de sa présence si elle ne nous était pas rappelée par le culte organisé qu'elles cultivent. Mais même s'il était possible de réaliser la présence de Dieu simplement par la communion directe de l'individu sans aucun culte communautaire organisé dans un sanctuaire communautaire, le Dieu que nous devrions alors adorer ne serait pas le Dieu d'Israël et notre religion ne consacrerait pas la vie. au service de Sa Torah. Et de même que le Tabernacle, où tout animal destiné à être mangé devait être amené en sacrifice, éloigna le peuple de l'habitude de sacrifier « aux satyres » (Lévitique 17 : 7), de même , plus tard, le Temple fut le lieu de culte. centre du culte national face au culte rival de Baal et d'Astarté associé aux « hauts lieux », et ainsi aujourd'hui la synagogue est l'institution sur laquelle nous devons compter pour protéger la pureté de la pensée religieuse juive des influences de notre non- Milieu juif. Compte tenu de l'importance du Tabernacle et de ses institutions filles, nous ne pouvons pas regretter l'espace que notre Bible accorde à sa construction et à son rituel.

Il nous est impossible de comprendre la signification symbolique précise de tous les objets cérémoniaux et décorations du Tabernacle, mais l'attention même qui est accordée à ces détails exprime une appréciation de l'aide à la dévotion qui se trouve dans un appel au sens esthétique du fidèle. Une partie du symbolisme est cependant assez évidente. Il est donc évident que le placement des deux tables de la Loi dans l'arche qui était conservée dans le Saint des Saints et qui était faite de bois de choix recouvert à l'intérieur et à l'extérieur d'or et gardée par les figures de chérubins veut témoigner de la le caractère sacré de la Loi en tant que centre et âme même du judaïsme. L'interdiction faite à quiconque autre que le grand prêtre d'entrer dans le Saint des Saints, et l'insistance sur la pureté rituelle et les dispositions pour le lavage des mains et des pieds dans la cuve d'airain ont servi à retirer le culte du plan du banal et du profane et ont contribué à créant cette atmosphère de révérence et de crainte qui est indispensable au vrai culte. Les nuages de fumée de l'encens suggéraient quelque chose du mystère de Dieu, comme le montre son association dans la tradition rabbinique avec le « nuage de gloire ». כִּי בֶּ עָנָן אֵרָאֶה עַל הַכּ֯ פ רֶת "Car j'apparais dans la nuée sur le couvercle de l'arche" est interprété par les rabbins comme signifiant le nuage d'encens.

En ce qui concerne les vêtements des prêtres, l'apparition sur le pectoral des noms des tribus d'Israël souligne la capacité représentative du grand prêtre en tant que צִבּוּר שְׁ לִיח ou agent de la congrégation, tandis que le diadème avec l'inscription לַיהֹוָה קֹדֶשׁ "Saint à Dieu" était le symbole de sa consécration à Dieu.

But. Le but de cette leçon doit être d'intéresser l'enfant à la synagogue et au culte public et plus spécialement de développer en lui le sentiment de la beauté, de la dignité et de la bienséance au service de Dieu.

Suggestions au professeur. Le point de contact évident entre la leçon et l'enfant est l'expérience du culte à la synagogue, une expérience qu'il est du devoir de chaque école juive de lui offrir. Commencez la leçon en attirant l'attention sur le fait que les Juifs du monde entier se rassemblent les sabbats et les jours fériés et même les jours de semaine pour prier Dieu dans des maisons appelées synagogues réservées à cet effet. Interrogez ensuite les enfants sur l'apparence de la synagogue qu'ils fréquentent, notamment sur la différence avec d'autres bâtiments conçus pour accueillir un grand nombre de personnes, afin de les intéresser aux traits distinctifs de l'architecture et de la décoration de la synagogue, comme le Arche, le pupitre de lecture et la lampe perpétuelle. Les réponses des enfants peuvent attirer l'attention sur certaines caractéristiques particulières à leur propre synagogue qu'ils imaginent être caractéristiques des synagogues en général. Leurs erreurs peuvent être corrigées de manière intéressante en leur montrant des images de diverses synagogues dans différents pays et différents styles architecturaux.

Ceci fait, attirez l'attention sur le fait que nos pères dans le désert avaient autant que nous besoin d'un lieu de culte et c'est pourquoi lorsque Moïse était sur la montagne en train de parler à Dieu, Dieu lui dit : « Que les enfants d'Israël me fassent un sanctuaire pour que je puisse habiter parmi eux. Expliquez que le mot « sanctuaire » signifie un lieu saint, « comme nos synagogues ». "Mais comment", continuez-vous, "les enfants d'Israël pouvaient-ils construire une maison de culte dans le désert alors qu'ils erraient d'un endroit à l'autre et que la colonne de nuée pouvait à tout moment s'avancer et qu'ils seraient obligés de la suivre ? Ils ne pouvaient pas ils emportèrent avec eux en marche un édifice de bois et de pierre et ils ne purent en construire un nouveau à chaque endroit où ils s'arrêtaient pendant quelques jours. Mais Dieu donna à Moïse l'idée d'un sanctuaire qui convenait admirablement à leur dessein, car ils pouvaient prendre avec eux. Avez-vous une idée du genre de bâtiment qu'ils pouvaient emporter avec eux partout où ils allaient ? S'il n'y a pas de réponse, continuez. "Quand une armée est en marche, les soldats ne peuvent pas se construire des maisons pendant la nuit pour y dormir ; qu'ont-ils comme abri ?" (Les enfants sauront probablement que les soldats campés vivent dans des tentes.) « Eh bien, les enfants d'Israël, lorsqu'ils erraient dans le désert, devaient vivre dans des tentes et dans des huttes qu'ils pouvaient démonter et remonter et emporter avec eux depuis d'un endroit à l'autre, leur sanctuaire devait donc aussi être une sorte de tente qu'ils pouvaient démonter et remonter. Mais ce n'était pas une tente ordinaire. Ses rideaux étaient faits des tissus les plus fins, avec de beaux motifs colorés tissés dessus. par les artistes les plus célèbres de l'époque. Le bois utilisé pour les tringles sur lesquelles reposaient les rideaux était le bois le plus fin qui puisse être obtenu, et tout ce qui se trouvait dans le tabernacle devait être aussi beau que la main de l'homme pouvait le faire. fais-le."

Arrêtez-vous sur l'enthousiasme avec lequel les Israélites ont répondu à l'appel pour le matériel et la main d'œuvre nécessaires à la construction du tabernacle, et sur les louanges que la Bible accorde à ses artistes, Bezalel et Aholiab, que Dieu a remplis « de l'esprit de Dieu ». en sagesse, en intelligence et en connaissance et dans toutes sortes d'ouvrages". (Exode 35. 31.)

Après cette introduction générale, il est bon que l'enseignant montre une image du tabernacle pour aider la classe à le visualiser. [14] Mais cela ne montrera que l'extérieur. Dessinez au tableau le plan du tabernacle montrant non seulement la division en avant-cour, sanctuaire et saint des saints, mais aussi l'emplacement de l'autel d'airain, de la cuve, de l'autel des parfums, de la table des pains de proposition, de la la menorah et l'arche de l'alliance.

Continuez ensuite : « Je vous ai montré une photo de l'extérieur du tabernacle, entrons maintenant ici où les rideaux sont écartés pour nous admettre. Nous nous retrouvons dans une grande cour ouverte. Ce n'est pas du tout comme les synagogues. Nous y sommes habitués. Il y a des murs, certes, mais ce sont des rideaux, et quant au plafond, il n'y en a pas du tout, sauf le ciel bleu au-dessus. Il n'y a pas non plus de sièges, mais tout le monde est debout pendant le service, qui consiste pour la plupart du sacrifice d'un animal sur l'autel, accompagné du jeu d'instruments de musique et du chant d'hymnes par les Lévites, [15] (hommes de la tribu de Lévi) à qui incombait le soin du sanctuaire Après le sacrifice, qui est accompli par Aaron ou l'un de ses fils, les *cohanim* ou prêtres bénissent l'assemblée à mains tendues avec des paroles qui font encore partie du service et que disent vos parents lorsqu'ils vous bénissent le sabbat et les jours fériés, "Le Seigneur te bénisse et te garde, le Seigneur fait briller son visage sur toi et te fait grâce, le Seigneur élève son visage sur toi et te donne la paix" (Nombres 6. 22-27.) Mais cette partie du tabernacle n'est pas la partie sainte appelée sanctuaire ou lieu saint. Dans ce lieu saint, séparé du parvis extérieur par des courtines et qui avait une sorte de toit, non en bois, mais en peaux de bélier teintes en rouge et en peaux de blaireau, seuls les prêtres, qui sont eux-mêmes saints, parce que toute leur la vie est abandonnée au service de Dieu, peut venir. Mais nous savons d'après ce que la Bible nous dit exactement ce qu'il contenait. » Décrivez ensuite le mobilier du sanctuaire et continuez. « La partie la plus sainte de toutes, cependant, seulement Aaron, ou, après sa mort, le grand prêtre de son temps. , appelé grand prêtre, était autorisé à entrer, et cela seulement une fois par an, le grand jour des expiations, ou bien lorsque Dieu l'appellerait. Et le Saint des Saints, comme on l'appelait, ne contenait rien d'autre qu'une belle arche ou boîte, dont je vais vous montrer une image, et dans cette belle arche recouverte d'or et artistiquement décorée, étaient placées les deux tables de pierre que Dieu avait donné à Moïse, avec les dix commandements gravés dessus. »

Ne vous fiez pas trop à une description qui devient facilement fastidieuse, mais montrez des images de tous les objets importants du sanctuaire et des vêtements sacerdotaux.

Dans la discussion qui suit la présentation de la leçon, associez à nouveau le tabernacle à la synagogue, en insistant cette fois sur les points de similitude plutôt que sur les différences. Ainsi la position du *sefer torah* dans l' *aron* qui occupe la place la plus visible dans la synagogue est analogue à la position des Tables de la Loi dans l'arche du tabernacle. De même, le *ner tamid* est l'analogue de la *menorah* , etc.

Mais tout comme la présentation de la leçon ne se faisait pas simplement par la parole, de même sa reproduction ne devrait pas se faire uniquement par des mots, mais la classe devrait être encouragée à dessiner des images du sanctuaire et de ses objets, et les meilleurs dessins devraient être traîné dans la pièce. De cette manière, l'impulsion visant à mettre l'art au service de la religion peut être immédiatement utilisée en permettant aux enfants d'employer l'art pour embellir l'école religieuse qui devrait également être faite pour les attirer comme un mi *ḵ dash . me'a ṭ* "un sanctuaire mineur".

CHAPITRE XII

PROCÈS DE MOÏSE ET D'ISRAËL DANS LE DÉSERT
Lévitique 10.1-7. Numéros 9.15-23, également 11.1 à 12.16

Interprétation. Nous avons regroupé dans ce chapitre un certain nombre d'épisodes de l'errance des enfants d'Israël, parce que chacun d'entre eux est trop petit pour occuper une seule leçon et parce que tous traitent du même thème général, avec cependant des variations significatives : la rébellion et ses conséquences. Châtiment.

En ce qui concerne l'épisode de la mort de Nadab et Abihu, rapporté dans Lévitique 10, 1 à 3, la Bible décrit leur offense comme l'introduction d'un « feu étranger » dans le sanctuaire. Cette offense en elle-même semble disproportionnée au châtiment, c'est pourquoi les rabbins en commentant le passage tentent, d'une part, d'attribuer le châtiment des fils d'Aaron à des péchés non expressément enregistrés dans le texte, comme par exemple le péché de être ivres pendant le service, ce qu'ils tiraient du fait que l'interdiction de boire avant l'accomplissement d'un sacrifice suit immédiatement le récit de cet incident, ou, d'autre part, de considérer Nadab et Abihu comme des martyrs, morts par le divin décret d'exhiber le caractère sacré du tabernacle et de son rituel sans avoir réellement encouru le mécontentement divin. Cette interprétation est basée sur Lévitique 10.3 : « Alors Moïse dit à Aaron : « C'est ici que l'Éternel a parlé, disant : « Par ceux qui sont près de moi, je serai sanctifié et devant tout le peuple je serai glorifié. "Et Aaron a gardé le silence." Certes, ce verset peut être interprété comme signifiant que Nadab et Abihu avaient été punis pour leur échec à sanctifier Dieu, mais compte tenu du fait que le terme hébreu pour le martyre est « *k iddush hashem* » « la sanctification du nom de Dieu " et étant donné, en outre, que l'on s'attendrait à ce que Moïse, dans ces circonstances, dise quelque chose de consolant à Aaron, qui était lui-même innocent, plutôt que de souligner la méchanceté de ses fils, cette vision de l'incident ne doit pas être prise à la légère. rejeté. En fait, la simple lecture du texte suggère une combinaison de ces deux interprétations. En prenant un « feu étranger », c'est-à-dire un feu qui n'avait pas été arraché à la flamme divinement allumée sur l'autel (Lévitique 9. 24.), Nadab et Abihu avaient abusé de leur prérogative sacerdotale, se rendant maîtres du rituel du sanctuaire. à la place de ses serviteurs. Mais une telle transgression rituelle aurait pu être pardonnée sans l'importance de l'occasion, la consécration du tabernacle, et la dignité de leur fonction qui exigeait qu'ils soient exceptionnellement circonspects dans leur conduite. Leur punition était donc plus sévère que l'offense ne le justifierait dans le cas d'une personne autre qu'une personne consacrée. Sa gravité était proportionnelle à la sainteté du sanctuaire qui avait été violé et de la fonction sacerdotale qui avait été profanée plutôt qu'à l'horreur de l' offense en elle-même, et elle exprimait le désir de Dieu d'imprimer au peuple la sainteté du tabernacle. et son rituel. En traitant avec Nadab et Abihu, Dieu agissait conformément à la déclaration rabbinique selon laquelle « Dieu est exigeant jusqu'à l'épaisseur d'un cheveu envers le juste », et les rabbins pouvaient donc considérer la mort des fils d'Aaron d'une manière quelque peu différente. la lumière du martyre.

Les autres incidents, à l'exception des prophéties d'Eldad et de Medad, sont, comme nous l'avons déjà dit, des exemples de rébellion et de son châtiment. Ce sont des exemples intéressants des épreuves de Moïse dans sa direction du peuple. Leur morale est le devoir de loyauté envers l'autorité légitime. Le châtiment des gens de Kibroth- Hattaavah est un excellent exemple de la façon dont le désir démesuré entraîne son propre châtiment et suggère, comme l'un des fondements de la loyauté, de la soumission et de la discipline, le fait que ce que nous désirons le plus n'est pas toujours ce qui est le plus. bénéfique pour nous, une morale très importante pour les enfants.

Le péché de Miriam est décrit par les rabbins comme *lashon hara* « calomnie ». Sa leçon est qu'il est mal non seulement de se rebeller contre un leadership juste, mais même de porter atteinte à l'honneur qui est dû à des personnages nobles. L'accusation portée par Aaron et Miriam contre Moïse n'était pas une accusation de délit moral ou de délit contre la loi, car la Torah interdit expressément les mariages mixtes uniquement avec le peuple de Canaan, l'interprétation de la loi pour la rendre applicable à tous les mariages mixtes uniquement datant de à peu près à l'époque d'Esdras et de Néhémie. Selon une tradition juive, la femme koushite que Moïse avait épousée est identique à Séphora, la fille de Jethro. Cela serait bien sûr intenable si Cush signifiait nécessairement l'Éthiopie, comme on le traduit habituellement, mais on pense généralement qu'il y avait également un Cush arabe, auquel cas l'identification est possible. Le ressentiment de Miriam n'était donc pas fondé sur des motifs religieux. L'incident est probablement rapporté dans la Bible en raison de l'occasion qu'il offre de révéler le caractère patient et indulgent de Moïse.

La même chose est illustrée de manière encore plus frappante par la réponse de Moïse à son disciple trop zélé Josué, lorsqu'on lui dit qu'Eldad et Medad avaient prophétisé dans le camp. Sa seule réponse est : « Si tout le peuple du Seigneur était prophète ». Dans la mesure où la prophétie était un don accordé au conseil des soixante-dix anciens (Nombres 11, 25), que Moïse avait reçu l'ordre de nommer, le fait qu'Eldad et Medad, qui ne faisaient pas partie des soixante-dix, aient néanmoins « prophétisé » aurait très bien pu été interprété comme indiquant une attitude présomptueuse et rebelle. Selon une tradition qui s'appuie considérablement sur Nombres 11.26, le nombre d'hommes initialement choisis était de soixante-douze, six de chaque tribu, mais parmi eux, deux devaient être éliminés par tirage au sort et Eldad et Medad, plutôt que de mettre quelqu'un d'autre. au risque d'être embarrassé, refusa de se rendre au tabernacle lorsque le sort fut tiré. Cette grande partie de la *haggadah* est au moins sous-entendue dans le verset selon lequel Eldad et Medad avaient été initialement désignés pour cette assemblée d'anciens car ils étaient *des ba-ketubim* parmi ceux "enregistrés" mais ne se joignirent pas aux autres, car ils n'étaient pas sortis. "à la tente et ils prophétisèrent dans le camp." Si nous supposons que leur refus d'aller au tabernacle était un refus volontaire d'exercer leurs fonctions, leur conduite contraste de façon frappante avec celle de Coré et de ses disciples.

But. Le but de cette leçon est d'enseigner aux enfants le devoir d'obéissance, de discipline et de maîtrise de soi. Le contraste entre l'attitude de Nadab et Abihu et celle de Moïse souligne l'opportunité d'une attitude humble et modeste, en particulier de la part de ceux qui détiennent l'autorité, alors que le châtiment de la rébellion du peuple à Taberah et Kibroth-hattaavah et de Miriam, pour ses critiques injustes envers Moïse, enseigne la nécessité de se soumettre à une autorité juste et de faire preuve de loyauté envers des dirigeants désintéressés.

Suggestions au professeur. Une brève revue, par questions et réponses, de la leçon précédente, servira de point de contact pour l'histoire du péché des fils d'Aaron. Racontez comment, une fois le tabernacle achevé, il y eut une grande célébration qui dura huit jours, pendant lesquels Moïse enseigna Aaron et ses fils, qui, en tant que prêtres, devaient accomplir les sacrifices pour le peuple et, en général, diriger le service, exactement ce qu'ils devaient faire, quand, où et comment tuer les animaux qui étaient sacrifiés, comment faire l'encens qui devait être brûlé, comment disposer les pains de proposition et préparer les gâteaux de l'offrande de repas, etc. Le huitième jour, Dieu lui-même, avec le feu du ciel, alluma le bois qui avait été entassé sur l'autel et y alluma ainsi le feu, qu'il était ordonné aux prêtres de ne jamais laisser s'éteindre, mais de toujours continuer à brûler. Prenez soin d'impressionner les enfants avec le caractère pécheur de la conduite de Nadab et Abihu, ce que le simple récit des faits rapportés dans la Bible ne permettra pas d'accomplir. Cela peut être fait en suggérant quelque chose de la solennité de l'occasion et de la frivolité de leur attitude de cette manière :

"Or Aaron et deux de ses fils, Eliezer et Ithamar, écoutaient très attentivement toutes les instructions qu'ils avaient reçues de Moïse et étaient déterminés à les exécuter exactement. Ils sentaient qu'en tant que prêtres, choisis parmi tout le peuple pour diriger le culte de Dieu, il s'agissait pour eux de donner l'exemple d'une obéissance fidèle à tout ce qu'Il disait, les petites choses comme les grandes. Mais les deux autres fils d'Aaron, Nadab et Abihu, ressentaient différemment. Eux aussi étaient fiers de leur nouvelle fonction de prêtres, mais au lieu de sentir qu'ils devaient conduire le peuple dans l'obéissance aux lois de Dieu enseignées par Moïse, ils pensaient qu'en tant que prêtres, ils pouvaient faire ce qu'ils voulaient dans le service et n'étaient pas obligés de suivre les instructions de Moïse. Alors , quand on leur dit de brûler l'encens avec un feu allumé à la flamme de l'autel que Dieu avait allumé, ils se dirent : "Quelle différence si nous brûlons l'encens avec ce feu saint ou avec un autre feu". prirent un « feu étranger », c'est-à-dire un feu qu'ils avaient eux-mêmes allumé, et l'apportèrent dans le sanctuaire pour montrer qu'en tant que prêtres, ils pouvaient accomplir le service comme bon leur semblait. Dieu fut très en colère contre cela. Si un Israélite ordinaire avait désobéi sur un petit point, cela n'aurait pas été une offense aussi grave, mais Nadab et Abihu étaient des prêtres dont Dieu attendait qu'ils conduisent le peuple à l'obéissance et qui avaient maintenant donné l'exemple de désobéissance le jour même de la dédicace. du tabernacle au service de Dieu. C'était comme si une enseignante avait quitté sa classe pour un temps sous la direction d'un surveillant en qui elle avait confiance, puis découvrait plus tard que ce surveillant lui-même lui avait désobéi et avait donné l'exemple de désobéissance à la classe en son absence. Ne pensez-vous pas que l'enseignant serait plus en colère contre son moniteur que s'il n'avait jamais été nommé à ce poste ? C'est pourquoi Dieu était maintenant si en colère contre Nadab et Abihu et a décidé que, comme ils avaient donné l'exemple de rébellion et de désobéissance , Il ferait de leur punition un exemple afin que les autres soient dûment avertis de ne pas faire ce qu'ils avaient fait. " Suit ensuite l'histoire de la mort de Nadab et d'Abihu. Ne manquez pas de vous attarder sur la démission d'Aaron en reconnaissance de la justice de Dieu.

En discutant de l'incident qui a donné son nom à Kibroth- hattaavah , il est bon de donner d'autres exemples pour montrer que ce que nous désirons le plus n'est pas toujours le meilleur pour nous et de demander aux enfants de donner des exemples, car il s'agit d'une morale particulièrement importante pour l'enfance. , ce qui suggère une raison pour cette déférence envers les aînés dont dépend la formation des enfants. Le cas du glouton qui désire des aliments qui ne sont pas bons pour lui, de l'ivrogne qui désire des boissons qui prouvent sa ruine, de l'enfant qui préfère l'absentéisme ou la recherche du plaisir à la diligence dans les études, etc., peuvent tous servir d'exemples. des péchés, l'indulgence même dans laquelle effectue leur propre punition. Mais insistez particulièrement sur le fait que l'enfant ne sait pas ce qui est pour son propre bien aussi bien que ses parents le savent, et sur le devoir qui en résulte pour l'enfant de s'en remettre à leur jugement.

Le récit des relations de Moïse avec Eldad et Medad ne présente aucune difficulté. En racontant le péché et le châtiment de Miriam, l'accent devrait être mis plutôt sur l'esprit de pardon et de magnanimité de Moïse que sur la mesquinerie de l'attitude de Miriam. Faites remarquer à quel point Moïse a dû se sentir blessé par l'accusation injuste de Miriam, qui impliquait que Moïse essayait de s'arroger l'autorité, mais comment, néanmoins, il n'a ressenti aucune satisfaction lorsque Dieu a puni Miriam mais a prié pour qu'elle soit guérie et pardonnée. La justification de Moïse par Dieu (Nombres 12, 6-8) devrait être citée en langage biblique.

CHAPITRE XIII

LES ESPIONS
Numéros 13.1 à 14.45. Deutéronome 1.20-46

Interprétation. Il n'est pas nécessaire d'en dire plus sur l'interprétation de cet épisode, car le récit biblique le montre très clairement. Il nous montre les conséquences du manque de foi et du manque de courage qu'inspire la foi. Même la fureur du désespoir ne peut remplacer ce courage né de la foi. Ceci est illustré par la défaite désastreuse des Israélites lorsque, poussés par leur peur d'être punis pour leur lâcheté antérieure, ils se précipitent finalement à l'attaque contrairement aux conseils de Moïse, laissant derrière eux l'arche de l'alliance. L'histoire est, en outre, significative car elle montre le but providentiel de ces quarante années d'errance à travers le désert, à savoir l'éducation d'une nouvelle génération habituée aux épreuves et imprégnée de l'espoir d'un triomphe futur. Les défauts de ce peuple esclave qui avaient besoin d'être corrigés sont illustrés de manière graphique dans le tableau que la Bible dresse de la réception avec laquelle les paroles des dix espions et de Josué et Caleb ont respectivement rencontré : la panique et la rébellion, les lamentations inefficaces, la clameur pour un nouveau dirigeant pour les ramener en Égypte et les menaces de lapider leurs dirigeants actuels. La dévotion sublime de Moïse nous est à nouveau représentée dans ses plaidoyers en faveur du peuple et son refus d'un avenir glorieux pour lui-même et sa postérité dans lequel Israël ne devrait avoir aucune part.

But. Le but de l'enseignement de cette leçon est de faire vibrer le cœur de l'enfant d'admiration pour les vertus de la foi et du courage. Cela devrait contribuer à établir dans son esprit l'association de sa religion avec toutes les vertus héroïques chères au cœur de l'enfance.

Suggestions au professeur. Avant de raconter cette histoire, lisez attentivement le récit biblique dans Nombres et Deutéronome afin de saisir l'esprit du récit biblique. La Bible ne s'arrête pas à la moralisation, mais raconte son histoire de manière graphique et dramatique, tout comme l'enseignant devrait le faire. Les paroles des dix espions d'une part, et de Josué et Caleb de l'autre, doivent être prononcées dans un discours direct et dans un langage biblique. Essayez d'aider l'enfant à imaginer la scène dans le camp lorsque les espions sont revenus et ont rendu leur rapport. Aidez-le à comprendre la psychologie du peuple en attirant son attention sur ce que cela signifiait pour eux, un peuple non entraîné à la guerre, de lutter contre les Cananéens, en sécurité dans leurs villes fortifiées. Il sera plus difficile de faire comprendre aux élèves le mobile de l'assaut téméraire que le peuple a finalement entrepris. Ceci doit être fait en leur présentant des images des difficultés des futures pérégrinations des Israélites dans le désert, qui les ont rendus incapables d'affronter une nouvelle errance comme alternative à une éventuelle défaite face aux Cananéens. Essayez de faire voir à la classe la situation à travers les yeux des Israélites de cette époque. Cela peut être fait en leur parlant de la manière suivante :

"Quand Moïse avait dit au peuple qu'il serait puni en devant errer quarante ans dans le désert jusqu'à ce qu'ils soient tous morts et qu'une nouvelle génération grandisse pour prendre leur place, ils furent plus terrifiés que jamais. À l'idée de faire la guerre aux géants Cananéens dans leurs villes fortifiées, ils étaient encore plus effrayés à l'idée de devoir errer encore quarante longues années dans le désert, tout le reste de leur vie en fait, sans même voir le terre que Dieu avait promise à leurs pères, où, pendant tout ce temps, ils pensaient qu'ils trouveraient au moins le repos de leurs peines et de leurs labeurs, ils pensaient à tout ce qu'ils avaient enduré jusque-là pendant le voyage. La chaleur torride du soleil du désert le jour, le froid mordant des vents du désert, la nuit, la faim et la soif, les longues marches à travers des collines et des vallées rocheuses et sans arbres. Mais pendant tout ce temps, ils avaient été réconfortés par la pensée qu'un jour la fin viendrait et qu'ils pouvoir trouver le repos dans leur nouvelle terre, la Terre de la Promesse. Mais même cet espoir leur était désormais retiré et ils pensaient que tout valait mieux que d'errer dans le désert jusqu'à leur mort. Même être tué en combattant les Cananéens semblait mieux maintenant. Alors ils dirent : « Voici, nous sommes ici et nous monterons au lieu que l'Éternel a promis ; car nous avons péché. »

Il peut également s'avérer difficile d'aider l'enfant à comprendre pourquoi ce changement d'attitude n'était pas acceptable aux yeux de Dieu. L'enfant n'analyse pas naturellement le motif et ne verra pas, à moins que cela ne lui soit signalé, pourquoi, puisqu'en fait les Israélites sont allés attaquer l'ennemi, ils ont été punis en étant repoussés. La meilleure façon d'y parvenir est de suggérer des analogies avec des situations relevant de l'expérience de l'enfant. On peut, en discutant de ce sujet, après avoir terminé son récit, soulever cette même question. "Pourquoi Dieu a-t-il dit qu'il ne serait pas avec eux s'ils montaient attaquer l'ennemi après qu'ils aient changé d'avis ?" et, ne recevant pas de réponse satisfaisante, on peut expliquer de cette manière :

"Si les Israélites avaient décidé d'attaquer l'ennemi immédiatement après avoir entendu les paroles de Josué et de Caleb, Dieu aurait été avec eux et les aurait aidés à remporter la victoire. Mais, à ce moment-là, quand Dieu voulait qu'ils partent, ils n'étaient pas disposés. Ils ne croyaient pas qu'Il les aiderait. Plus tard, quand ils voulurent y aller, parce qu'ils avaient peur d'errer quarante ans dans le désert, il était trop tard. Dieu n'était pas alors disposé à le faire. Le moment d'obéir à un commandement est quand il est donné et non après avoir été menacé d'une punition pour désobéissance. Si une enseignante donnait à un garçon un travail scolaire à faire et qu'il refusait, jusqu'à ce qu'elle lui dise de rester à la maison après l'école pour le faire et alors seulement il acceptait de faire le travail Plutôt que de rester à l'intérieur, pensez-vous que l'institutrice serait satisfaite de cela ? Non, elle dirait à juste titre : « Vous avez eu la chance d'obéir alors que les autres enfants l'ont eu, maintenant si vous êtes désolé, montrez -le en prenant la punition que vous méritez. » ".

CHAPITRE XIV

PLUS D'ÉPREUVES DE MOÏSE
Nombres 16.1 à 17.26, également 20.1 à 13 et 21.5 à 9

Interprétation. L'idée centrale qui traverse tous les épisodes importants de ces chapitres est l'immensité du problème de leadership auquel Moïse était confronté, et le contraste entre les passions égoïstes et inconstantes du peuple, passions qui menaçaient constamment l'existence même d'Israël, et la patience et la constance sublimes de Moïse, bien qu'à une occasion, sa patience durement éprouvée ne puisse plus supporter la tension et qu'il commette le péché par lequel il perd son droit d'entrer dans la Terre promise.

Les difficultés contre lesquelles Moïse dut lutter avant l'événement raconté dans la leçon précédente, se multiplièrent après cet événement. Si les gens d'avant cette époque avaient été rétifs et mécontents chaque fois qu'ils étaient confrontés à une difficulté, même s'ils pouvaient toujours se consoler en attendant avec impatience la fin de leur voyage dans la Terre promise, il était tout à fait naturel que par la suite leur mécontentement s'intensifie considérablement. Ils avaient menacé de nommer un autre chef pour les ramener en Égypte, et même si à l'époque cela n'était peut-être qu'une vaine menace, l'opposition à Moïse trouva bientôt un chef en la personne de Coré, le fils d'Izhar. Bien qu'il fût lui-même lévite, il convoitait la fonction supérieure du sacerdoce auquel Aaron et sa famille avaient été nommés, mais, avec l'instinct du vrai démagogue, il se faisait passer pour le champion du peuple contre l'autorité arbitraire du sacerdoce lévitique. , et de Moïse en nommant Aaron et ses fils comme prêtres. Il dit à Moïse et à Aaron : « Vous en prenez trop, puisque toute l'assemblée est sainte, chacun d'eux et le Seigneur est parmi eux ; pourquoi donc vous élevez-vous au-dessus de l'assemblée du Seigneur » ? (Nombres 16. 3.) La réponse de Moïse à Coré montre qu'il voyait à travers ce prétentieux championnat du peuple l'envie et l'ambition de Coré, qui étaient ses véritables motivations. « Écoutez maintenant, fils de Lévi : n'est-ce pas peu de chose pour vous que le Dieu d'Israël vous ait séparé de l'assemblée d'Israël, pour vous rapprocher de lui, pour faire le service du tabernacle de l'Éternel, et te présenter devant l'assemblée pour les servir ; et qu'Il t'a amené, toi et tous tes frères, les fils de Lévi, avec toi ? Et chercherez-vous aussi la prêtrise ? C'est pourquoi vous et toute votre troupe qui êtes rassemblés contre l'Éternel — et quant à Aaron, quel est-il pour que vous murmuriez contre lui ? » (Nombres 16, 8 à 11.) Mais la défense par Koré des prétentions de tout Israël au sacerdoce lui valut un large public parmi les autres tribus, en particulier parmi leurs dirigeants ambitieux. Dathan et Abiram, fils d'Eliab, et On, fils de Peleth , tous de la tribu de Ruben, sont ses acolytes particuliers, et il avait également réussi à gagner à sa cause deux cent cinquante des « princes de la congrégation ». , les hommes élus de l'assemblée, les hommes de renom. La sédition s'était tellement étendue que rien n'aurait pu empêcher le retour à un état d'anarchie complète, si ce n'est la destruction de tous ceux qui y participèrent, d'une manière si frappante qu'elle révélerait clairement le dessein divin. Cela était prévu par l'épreuve racontée dans le texte. Mais la désaffection s'était tellement répandue que beaucoup de gens étaient mécontents de la mort de Coré et de ses disciples et étaient enclins à en tenir Moïse pour responsable, jusqu'à ce que le miracle de la floraison du bâton d'Aaron les convainque. Il est nécessaire que l'étudiant de la Bible comprenne l'étendue et la portée de la rébellion de Coré, afin de ne pas concevoir le châtiment de Coré et de ses disciples comme étant infligés à eux simplement à cause d'un délit de « lèse » . majesté », et, par conséquent, comme tout à fait disproportionnée au délit.

Le récit du péché de Moïse et d'Aaron pour lequel il leur a été interdit d'entrer dans la Terre promise ne précise pas très clairement au lecteur moderne ce que la Bible considère comme constituant leur péché. Une interprétation possible, cependant, est que Moïse par ses paroles : « Écoutez maintenant, vous les rebelles, devons-nous vous faire sortir de l'eau de ce rocher ? (Nombres 20, 10) qui furent suivis par le fait qu'il frappa le rocher et qu'il ne parla pas comme Dieu l'avait ordonné, empêchèrent le caractère providentiel de l'écoulement de l'eau d'être apparent. L'incident aurait pu être interprété par l'esprit populaire comme si Moïse, par la magie de son bâton, avait lui-même fait couler l'eau, comme le suggère son utilisation de la première personne : « Devons-nous vous faire sortir de l'eau ? et par son incapacité à se conformer littéralement au commandement de Dieu. Il a ainsi laissé passer une occasion de sanctifier le nom de Dieu en cédant à la passion et en pensant à l'époque à ses griefs personnels plus qu'à son service envers Dieu. Dans la mesure où cela participait de la nature des péchés de cette génération d'Israël, lui et Aaron devaient également prendre leur part dans le châtiment d'Israël et ne devaient pas entrer dans la Terre promise.

La pensée suggérée par la punition de Nadab et Abihu revient à nouveau à ce propos, à savoir : plus l'homme et ses responsabilités sont grands, plus il doit être prudent dans sa conduite.

L'incident du serpent d'airain doit être interprété à la lumière du commentaire rabbinique sur ce sujet sur lequel nous avons attiré l'attention à propos du fait que Moïse ait levé les mains pendant la bataille contre les Amalécites.

"Est-il alors au pouvoir d'un serpent de tuer ou de faire revivre ? Mais tant que les Israélites regardaient vers le ciel et soumettaient leur cœur à leur Père céleste, ils étaient guéris, et sinon, ils étaient détruits." (Rosh ha-Shanah III, 8.) En levant les yeux vers le serpent d'airain que Moïse avait été chargé de fabriquer, le peuple témoignait, pour ainsi dire, de sa foi dans la puissance de Dieu pour les guérir des morsures du serpent. Il est intéressant de noter que lorsque, plus tard dans l'histoire du peuple, le serpent lui-même devint l'objet de révérence et d'adoration idolâtre, il fut détruit sur ordre du roi Ezéchias, conformément à l'enseignement des prophètes (2 Rois 18. 4).

But. Le but de cette leçon est de développer une appréciation de la loyauté désintéressée, une foi inébranlable et un tempérament égal, ainsi qu'un mépris pour l'ambition égoïste, la passion incontrôlée et l'infidélité.

Suggestions au professeur. La méthode à utiliser pour atteindre cet objectif n'est pas de tirer une morale abstraite des événements du récit, mais il faut raconter son histoire avec émotion pour son héros, Moïse, de telle manière que l'élève s'identifie à son héros. et éprouve envers les ennemis de Moïse une hostilité presque personnelle. Avant que l'enfant n'atteigne l'adolescence, l'analyse du caractère ne lui est pas naturelle, et la discussion sur les vertus et les vices des hommes est vaine, mais l'imitation du caractère est naturelle, et le culte du héros est le levier par lequel il peut être poussé à acquérir l'amour pour la vertu et le dégoût du vice.

Afin de mettre le personnage de Moïse sous un jour héroïque, faire comprendre à la classe la profondeur de l'ingratitude et de la trahison contre lesquelles Moïse devait constamment lutter, et à quel point cela rendait sa tâche de leadership difficile. Commencez par demander à un enfant de raconter l'histoire de la leçon précédente. Attirez ensuite l'attention sur combien Moïse a dû se sentir triste quand, après tout ce qu'il avait fait pour le peuple , ils étaient prêts, face à toutes les difficultés, à désobéir et à se rebeller, et combien Moïse a dû les aimer et les plaindre pour avoir prié Dieu pour leur pardon plutôt que d'accepter simplement de Dieu la promesse d'un avenir heureux pour lui-même et ses descendants. Attirez l'attention sur le fait que ce n'était pas la première fois que le peuple désobéissait à Moïse et se rebellait ou murmurait contre lui, et demandez aux enfants de raconter d'autres cas. Tirez-en autant d'exemples que possible car cela aide non seulement de manière intéressante à rafraîchir la mémoire des enfants sur ce qu'ils ont déjà appris, mais aussi à comprendre ce qui va suivre. Continuez ensuite :

" De même que les murmures du peuple contre Moïse, lorsqu'il entendit le rapport des dix espions, n'étaient pas le premier exemple de leur rébellion contre leur patient chef, ce n'était pas non plus le dernier. En fait, il devint plus difficile pour Moïse de diriger les gens maintenant plus que jamais. »

La raison en est mieux expliquée par une analogie tirée de l'expérience des enfants, comme par exemple :

"Vous savez que lorsqu'une équipe de baseball gagne un match après l'autre, tout le monde fait l'éloge du capitaine et tous les membres de l'équipe sont prêts à lui obéir, mais s'il perd un match après l'autre, ils commencent tous à critiquer et à trouver à redire et tout le monde pense que lui-même aurait fait un meilleur capitaine que celui qui avait été choisi, même si ce n'était peut-être pas du tout la faute du capitaine si l'équipe n'avait pas réussi. Il en fut ainsi pour les Israélites . Moïse allait les conduire vers un pays où coulent le lait et le miel, ils étaient prêts pour l'essentiel à lui obéir, sauf lorsqu'ils avaient peur à cause de quelque difficulté particulière et craignaient qu'il ne les y amènerait jamais; mais quand Moïse lui-même leur dit qu'ils devraient errer pendant quarante ans dans le désert jusqu'à ce que tous les hommes adultes de cette époque soient morts, et ils furent très amers contre lui. Au lieu de se blâmer, de se blâmer pour leur propre lâcheté et leur manque de foi en Mon Dieu, ils ont blâmé Moïse, comme l'équipe perdante qui blâme son capitaine au lieu de son propre mauvais jeu. C'est pourquoi ils pensèrent nommer un nouveau capitaine, un autre homme que Moïse, pour leur servir de chef. »

À ce stade, présentez le personnage de Koré à la classe et parlez-leur de son envie envers Moïse, de sa convoitise pour la position d'Aaron et de ses tentatives subtiles pour assurer le leadership en disant aux gens qu'ils étaient tous aussi bons que Moïse. et Aaron, car ils étaient tous membres d'un « royaume de prêtres et d'une nation sainte ».

Après avoir décrit le succès de la propagande de Coré et souligné l'impuissance de Moïse et l'extrême danger de sa position, racontez la décision de Moïse de confier sa justification à Dieu. Si Coré et ses disciples voulaient revendiquer le sacerdoce, qu'ils agissent comme des prêtres, chacun brûlant de l'encens dans l'encensoir qu'il tenait à la main, et Dieu montrerait s'il voulait les accepter comme prêtres ou non.

Le jugement qui a été prononcé contre Koré et ses disciples signifiera alors pour l'enfant le juste châtiment de la déloyauté et renforcera sa haine des qualités affichées par Koré et ses semblables, mais si l'enseignant ne parvient pas à préparer le chemin en suscitant l'intérêt de l'enfant dans la situation telle qu'elle s'est développée entre Moïse et le peuple, par une méthode telle que nous l'avons suggérée, l'histoire ne signifiera guère plus pour lui que le récit d'un tremblement de terre. Du point de vue de l'éducation religieuse, la connaissance de la manière dont Coré a été puni n'a pas tant d'importance que la compréhension du péché pour lequel il a été puni.

En racontant l'histoire du péché de Moïse et d'Aaron, veillez à ne pas paraître nuire au caractère de Moïse. Si les leçons précédentes ont été correctement enseignées, l'enfant devrait à ce moment-là avoir développé une intense admiration pour Moïse et serait enclin à ressentir tout dénigrement de son héros, au point même de sentir secrètement que le péché de Moïse n'était pas un véritable péché et que le traitement que son professeur lui avait réservé était tout à fait injuste et n'était qu'une tentative d'excuse de Dieu de ne pas l'avoir laissé entrer en Canaan. Les rabbins disent que la raison pour laquelle Dieu a mentionné le péché de Nadab et d'Abihu était de nous empêcher de déduire que leur mort était une punition pour d'autres péchés plus graves. On ne peut s'empêcher de penser que le récit du péché de Moïse avait un but similaire, le fait même que Moïse ait été si sévèrement puni pour une offense apparemment légère, étant destiné à montrer l'estime dans laquelle il était tenu et combien Dieu attendait de lui. lui, en conséquence. C'est en tout cas dans cet esprit qu'il convient d'aborder ce sujet. L'accent devrait être mis sur la provocation au péché et sur l'acceptation pieuse de Moïse de son châtiment et sur sa volonté de continuer à conduire le peuple vers la Terre promise même s'il ne pouvait pas espérer participer à leur triomphe final. La liturgie de Simhath Torah contient les mots : « Moïse est mort. Qui ne mourra pas ? Le sentiment que l'enseignant devrait chercher à susciter par cette leçon est quelque peu similaire. « Moïse a péché, qui peut être sans péché ? Si Moïse, qui est décrit comme le plus doux des hommes, pouvait pécher dans un moment de passion, combien plus devrions-nous nous prémunir contre le péché, surtout sous l'influence de la passion.

En racontant comment les gens qui avaient été mordus par les serpents ont été guéris lorsqu'ils ont regardé le serpent d'airain que Moïse avait fabriqué, veillez à ne pas laisser l'enfant attribuer une quelconque magie à l'image du serpent lui-même. La meilleure façon d'y parvenir est de leur expliquer l'explication de cet épisode suggérée ci-dessus dans notre interprétation. On pourrait également associer l'incident à ce qu'ils avaient appris sur l'influence des mains de Moïse dans la bataille contre les Amalécites. En outre, il serait peut-être bon de leur expliquer comment la fausse conception que le peuple avait de sa signification dans les temps ultérieurs a conduit à sa destruction par un pieux roi de Juda.

CHAPITRE XV

ISRAËL ARRIVE À LA FRONTIÈRE DE LA TERRE PROMISE
Numéros 21.1 à 3 et 21 à 35, également 22.1 à 24.25, également 31.1 à 54 et 32.1 à 42

Interprétation. L'errance à travers le désert, qui touche à sa fin dans ce chapitre, a eu l'effet souhaité en produisant une race capable de livrer bataille. Ses pouvoirs sont mis à l'épreuve par la nécessité d'étendre ses conquêtes à travers le territoire de Sihon, roi des Amoréens, et d'Og, roi de Basan.

L'ordre de conquérir ces nations et la Terre promise elle-même peut présenter des difficultés religieuses à certains. En fait, de telles guerres de conquête sont à l'origine de l'accusation fréquemment portée contre la religion en général, selon laquelle elle aurait provoqué des effusions de sang et des persécutions dans le monde. Ce serait cependant une conception totalement erronée de la signification de ce *mil ḥ emet . mi ẓ wah* . Nous devons garder à l'esprit que la guerre était l'état normal du monde antique. Si nous demandons pourquoi Dieu a ainsi ordonné, nous ne pouvons pas donner de réponse, pas plus qu'à la question générale de savoir pourquoi Dieu permet que le mal existe et désire ensuite que l'homme lutte contre lui. Mais aucun religieux ne croit réellement que Dieu désire le mal. De même, nous ne devons pas interpréter ces chapitres comme présumant que Dieu désire ou a jamais désiré la guerre, mais simplement que la guerre entre les nations étant inévitable à une époque où il n'existait aucune méthode pacifique pour régler les conflits nationaux et tribaux, Dieu désirait qu'Israël soit victorieux parce qu'elle la civilisation était supérieure à celle de Canaan. Même l'ordre d'exterminer les habitants doit être interprété à la lumière du fait qu'autrement, la seule alternative serait une guerre perpétuelle entre les races sur la terre ou une assimilation d'Israël aux races indigènes avec la perte de l'espoir que la victoire d'Israël tenait. au monde. La Torah nous dit à maintes reprises que la seule justification de la conquête d'Israël est le péché des nations de Canaan, et que le péché d'Israël le soumettrait au même traitement que celui infligé aux Cananéens. Dans les chapitres mêmes que nous examinons maintenant, il convient de noter que l'ordre de conquérir le pays ne s'appliquait à l'origine qu'à Canaan, sur lequel le peuple revendiquait en vertu de l'héritage des patriarches qui y avaient demeuré et que, par conséquent, tout ce qui était initialement exigé des terres transjordaniennes, c'était le droit de les traverser sans causer de dommage pendant le transit. Ce n'est que lorsque cela est définitivement refusé que les Israélites sont autorisés à recourir aux armes.

L'histoire de Balaam et Balak est significative en tant qu'expression poétique de l'invincibilité d'Israël. Balaam est envoyé par Balak pour maudire Israël en raison de la réputation dont jouissait ce prophète et sorcier païen. Bien que tenté par les pots-de-vin offerts par Balak, il sait que Dieu ne permettra pas qu'il prononce une malédiction efficace sur Israël et refuse d'abord de partir. Cependant, il lui est finalement permis de partir, après un avertissement dû, avant de partir et de nouveau lorsque l'ange s'oppose à lui en chemin, pour ne rien dire que ce que Dieu met dans sa bouche. Le résultat final est qu'il bénit Israël et maudit Moab.

Le lecteur ne devrait pas être troublé par l'admission apparente qu'un pouvoir magique s'attache à une formule de malédiction ou de bénédiction, car le but de l'histoire n'est pas d'enseigner que les malédictions sont efficaces ou non, mais que, qu'elles le soient ou non . ‫יְשׂ‬ ‫רָאֵל קֶסֶם וְלֹא בְּ יַעֲקֹב נַחַשׁ‬ ‫לֹא‬ qui, bien que généralement traduit autrement, peut être rendu à juste titre : « Il n'y a pas d'enchantement contre Jacob ni de divination contre Israël ». (Nombres 23.23.) Dans la tradition rabbinique, l'histoire du dialogue de Balaam avec son âne est le texte classique pour la prédication du traitement humain des animaux. Il est encore capable de transmettre cette morale.

L'incident du serment prêté par les tribus de Ruben, Gad et Manassé a une morale très évidente dans son insistance sur l'unité et la coopération juives. "Nous ne retournerons pas dans nos maisons tant que les enfants d'Israël n'auront pas hérité chacun de son héritage". (Nombres 32. 18.) La crainte de Moïse que l'installation prématurée des tribus transjordaniennes puisse conduire à la division en Israël était certainement fondée au vu des événements ultérieurs lorsque le développement des juridictions tribales locales menaçait presque l'existence de l'État. nation au temps des juges.

But. Renforcer la foi de l'enfant dans le choix d'Israël par Dieu.

Suggestions au professeur. En racontant les guerres d'Israël, tous les détails déchirants seraient naturellement omis et l'accent serait mis non pas sur le combat, mais sur la victoire qu'Israël a remportée avec l'aide de Dieu. Un bon point de contact pour commencer l'histoire pourrait être obtenu en rappelant le récit du rapport des dix espions et du châtiment auquel Israël a été condamné en raison de son acceptation de ce rapport.

Montrez ensuite comment le châtiment de Dieu a été adapté à l'offense en ce sens qu'il a donné à Israël l'opportunité d'élever une génération d'hommes courageux dans l'atmosphère libre du désert. Assurez-vous que l'enfant comprend l'avantage de l'entraînement dans le désert pour la nouvelle génération, par rapport à l'expérience de ses pères en Égypte. Il ne

suffit pas d'énoncer la chose de manière abstraite, mais d'exprimer clairement
votre point de vue par des illustrations répétées comme suit :

"De nombreuses années s'étaient écoulées depuis que les enfants d'Israël
avaient envoyé les dix espions et qu'on leur avait dit qu'ils ne pourraient pas
entrer dans la Terre Promise tant que tous les hommes adultes de cette
époque ne seraient pas morts. Au cours de ces années, presque toute cette
génération qui avaient eu peur de monter dans le pays, étaient morts et leurs
fils et leurs filles, qui à cette époque étaient des enfants ou n'étaient même
pas encore nés, étaient maintenant devenus des hommes. ce qu'avaient été
leurs pères. En premier lieu, ils étaient d'apparence différente. Leurs pères,
qui dans leur jeunesse avaient été esclaves de Pharaon, avaient grandi avec le
dos courbé par les fardeaux qu'ils devaient porter. Beaucoup d'entre eux
avaient été définitivement affaiblis et même déformés par les durs traitements
qu'ils avaient reçus en Égypte, mais leurs enfants, qui avaient grandi dans le
désert et avaient vécu toute leur vie dehors, avec beaucoup d'air frais et
d'exercices sains, et sans personne pour les faire travailler. au travail trop dur
pour eux, ils grandissaient droits et robustes, larges d'épaules et musclés,
comme des athlètes bien entraînés. Ils étaient aussi différents en apparence
qu'un pauvre colporteur qu'on peut voir portant son sac sur ses épaules est
issu d'un ouvrier agricole fort et vigoureux.

"Ils ne différaient pas non plus seulement par leur apparence, mais aussi
par leur caractère. L'esclavage avait rendu leurs pères lâches. Le moindre acte
de désobéissance aux maîtres d'œuvre entraînant une punition immédiate, ils
avaient appris à craindre tout ennemi. Sans aucun doute, leurs pères avaient
été avaient été avertis dès leur enfance de ne jamais attaquer un Égyptien,
quoi qu'il fasse, car ils finiraient par en souffrir. Leurs pères s'étaient donc
habitués à se considérer comme trop faibles pour se battre et lorsqu'ils
voyaient les guerriers cananéens, ils a dit : « Nous sommes comme des
sauterelles comparées à eux. » Mais leurs fils, qui avaient grandi dans le désert,
ne connaissaient pas le sens de la peur. Ils étaient habitués aux épreuves et
aux dangers, car le désert était assailli par toutes sortes de bêtes sauvages et
d'hommes sauvages, ce qui les avait entraînés à être courageux. En outre , ils
ont vu dès leur enfance comment Dieu aidait son peuple à chaque pas,
comment il l'a secouru à la mer Rouge, comment il l'a nourri de manne, etc.,
et ils se sont dit : « Puisque Dieu est avec nous, nous avons besoin de sans
crainte, que peut nous faire l'homme.'"

Vous êtes maintenant en mesure de raconter les campagnes contre Sihon
et Og, en soulignant les ouvertures de paix dont le rejet justifiait l'invasion,
et en développant le sentiment de triomphe des Israélites qui résultait de leurs

victoires, dans lesquelles ils voyaient le début de la réalisation de la promesse de Dieu de leur donner le pays de Canaan.

C'est un bon moment du récit pour retracer l'itinéraire des marches d'Israël à travers le désert et pour localiser les lieux importants sur la carte.

En racontant l'histoire de Balak et Balaam, veillez à ne pas laisser à l'enfant une croyance superstitieuse en l'efficacité d'une malédiction, non seulement parce que la superstition est mauvaise en soi, mais aussi parce que l'association de la religion avec la superstition devient très dangereuse pour la première lorsque l'enfant atteint un âge où, selon toute probabilité, il comprendra le caractère déraisonnable de la superstition. Expliquez clairement que le fait que Balak ait envoyé Balaam pour maudire Israël ne signifie pas que Balaam possédait réellement ce pouvoir, mais simplement que Balak croyait qu'il le possédait conformément à la superstition de son époque. Le point du récit devrait résider dans la déconfiture de Balak, qui enseigne que lorsque Dieu est déterminé à bénir, aucun être humain ne peut effectivement maudire, et que Dieu avait destiné Israël à la bénédiction. Ne faites pas cette explication comme une digression par rapport à l'histoire, mais intégrez-la dans le récit lui-même par suggestion comme suit :

"Or Balak, roi de Moab, avait entendu dire qu'il vivait en Mésopotamie, un sorcier célèbre nommé Balaam, et que celui que Balaam bénirait aurait certainement de la chance, et celui qu'il maudirait, de la malchance, et, étant très superstitieux. , comme la plupart des gens de son époque, il croyait que Balaam possédait réellement ce pouvoir, et c'est pourquoi il lui envoya des cadeaux pour le persuader de venir à Moab et de maudire Israël pour lui afin que les Israélites soient vaincus au combat.

N'essayez pas de rationaliser le miracle de l'âne parlant à Balaam. Si l'enfant veut savoir comment il était possible à l'âne de parler, répondez qu'il n'est pas plus difficile à Dieu de donner le pouvoir de parler à un animal qu'à un homme. Aucun bébé ne naît avec la capacité de parler et nous n'apprenons à parler que lorsque Dieu nous en donne le pouvoir et l'intelligence. En répondant ainsi à la question, on attache au lieu commun le mystère associé au surnaturel. En tentant de rationaliser, on réduirait tout au niveau du lieu commun. À un âge plus avancé, lorsque l'élève aura développé une conception de la loi naturelle, cette réponse peut ne pas s'avérer satisfaisante, mais il serait absurde de tenter une réconciliation philosophique du naturel et du surnaturel pour les enfants à un âge où ils n'ont pas la notion de l'un ou l'autre. .

CHAPITRE XVI

LA MORT DE MOÏSE
Nombres 27.12 à 23. Deutéronome 31.14 à 34.12

Interprétation. Le récit biblique de la mort de Moïse, dans sa simplicité impressionnante, n'a guère besoin de commentaires. Il met fin en beauté à l'histoire de la lutte vitale du plus grand des prophètes. Il y a un pathos infini à l'idée qu'il n'ait jamais mis les pieds sur le sol vers lequel il conduisait son peuple depuis quarante ans face à l'ingratitude, à la calomnie et à la rébellion. Mais il y a aussi une particularité particulière dans ce sort, car il élève tous ses efforts en faveur de son peuple hors de portée de toute dénigrement fondée sur l'intérêt personnel. Après avoir connu son destin de ne jamais pouvoir entrer en Terre Promise, il continue avec la même détermination à se consacrer à son peuple. Il raconte leur histoire et, dans des paroles passionnées, les exhorte par des chants et des prophéties à être fidèles à l'alliance, car la vie même de la nation en dépendait. Et il pourvoit de son vivant à un successeur à ses travaux et lui assure l'allégeance populaire. Puis, une fois l'œuvre de sa vie achevée mais sans aucune récompense terrestre, il gravit la montagne pour contempler la Terre Promise et meurt content de voir dans une vision prophétique la consommation qu'un homme moins divinement doux aurait exigé de voir dans la réalisation. . "Personne ne connaît son sépulcre". De même que dans sa vie il s'est contenté de vivre pour Dieu et de lui rendre gloire, de même dans sa mort il n'a laissé aucun signe qui puisse lui attirer le respect dû au Dieu qu'il servait, sauvant ainsi le judaïsme de ce culte humain auquel d'autres religions sont devenues des proies en raison de l'identification de leur religion avec la personnalité de son fondateur. « Or, Moïse, homme, était très doux, plus que tous les hommes qui étaient sur la face de la terre » (Nombres 12, 3) et c'est pourquoi : « Depuis lors en Israël, il n'y a pas eu de prophète semblable à Moïse, que l'Éternel a reçu. connaissais face à face ; dans tous les signes et les prodiges que l'Éternel l'envoya accomplir dans le pays d'Égypte, à Pharaon, et à tous ses serviteurs, et dans tout son pays ; et dans toute la main puissante, et dans tout la grande terreur que Moïse a provoquée aux yeux de tout Israël. (Deutéronome 34. 10 à 12.)

But. Le but de cette leçon devrait être de cultiver chez l'enfant une appréciation respectueuse de la personnalité de Moïse qui se traduirait non seulement par une tentative d'imiter ses vertus, mais par le désir d'être fidèle à sa loi conformément au sentiment exprimé dans le verset : « Moïse nous a prescrit une loi, un héritage de la congrégation de Jacob ». (Deutéronome 33. 4.)

Suggestions au professeur. Il y a relativement peu de narration dans cette leçon et ce qu'elle contient ne présentera aucune difficulté. Lorsque vous racontez comment Moïse s'est adressé au peuple avant sa mort, lisez des extraits bien choisis du livre du Deutéronome. Si la classe a appris dans son travail en hébreu la traduction du שְׁמַע (Deutéronome 6. 4 à 9) et du שְׁ מוֹעַ‏ אִם וְהָיָה (Deutéronome 11. 13 à 21) ou si les élèves ont appris à les prononcer à la maison, inclure ces portions parmi celles choisies et attirer l'attention des enfants sur le fait que ces paroles qu'ils prononcent quotidiennement sont parmi les dernières paroles. de Moïse, dont il voulait que le peuple se souvienne après sa mort et qu'il l'enseigne à ses enfants, et que si nous les disons et vivons selon elles, nous accomplissons la volonté du grand législateur de notre nation. Cela devrait servir à donner un sens et une valeur supplémentaires aux prières de l'enfant et à relier la leçon d'histoire à sa vie quotidienne. D'autres passages adaptés à la lecture aux enfants sont Deutéronome 3. 23 à 4. 10, également 4. 32-40 et 28. 1-4, 30. 15-20 et 32. 7-18.

Lors de la discussion de la leçon avec la classe après sa première présentation, prenez l'occasion de revoir la vie de Moïse afin de faire ressortir les traits saillants de son caractère. Appelez à des exemples illustrant le sens aigu de la justice de Moïse, son courage, sa modestie, sa volonté de pardonner, etc., et cherchez à obtenir autant d'exemples que possible afin que le résultat soit en fait une révision de la vie de Moïse. Faites très attention à ne pas rendre vos questions trop vagues. Il ne suffirait donc pas de simplement dire : « Qui peut me raconter un incident de la vie de Moïse qui montre sa modestie ? dans la mesure où le nom abstrait « pudeur » a peu de sens pour l'enfant de l'âge auquel cette histoire est habituellement enseignée. Il vaudrait bien mieux dire : « Une des raisons pour lesquelles Moïse était si grand était parce qu'il était modeste, c'est-à-dire qu'il ne pensait jamais à l'honneur que les autres lui devaient en tant que leader, ni ne se vantait dans son cœur à cause de tout. les grandes choses qu'il avait faites, et était toujours prêt à voir le bien chez les autres et à admettre chaque fois qu'il avait tort.L'un d'entre vous peut-il me donner un exemple dans la vie de Moïse pour montrer qu'il ne se considérait pas comme un grand homme ? Pouvez-vous me donner un exemple pour montrer qu'il n'était pas soucieux des honneurs ? pour montrer qu'il était prêt à suivre l'avis des autres, ou pour admettre qu'il avait tort quand tel était le cas ? Après avoir eu un nombre suffisant de réponses illustrant la modestie de Moïse, notez-les ainsi au tableau :

Moïse était modeste,

1. Il hésitait à diriger le peuple égyptien.

2. Il ne réprimanderait pas Eldad et Medad pour avoir prophétisé.

3. Il se cachait le visage quand il brillait.

4. Il a accepté le châtiment pour son péché sans se plaindre.

Faites ensuite de même avec d'autres traits du caractère de Moïse, jusqu'à ce que chaque incident de la carrière de Moïse soit ainsi classé sur la base de sa signification morale. La valeur de cet exercice est qu'il sert en même temps à passer en revue non seulement les événements de la vie de Moïse, mais aussi leur signification, et qu'il permet en outre d'exercer le jugement moral des élèves. Le succès de cet exercice dépendra dans une large mesure de l'habileté du professeur à formuler ses questions simples et brèves et à les poser à la classe d'une manière animée, de telle sorte qu'elle leur fasse comprendre que trouver les réponses correctes est une sorte d'apprentissage. jeu auquel ils jouaient.

Une fois que les principaux incidents de la vie de Moïse ont été classés au tableau en fonction des traits de caractère qu'ils présentent, un autre exercice utile serait de laisser la classe les réorganiser dans leur ordre chronologique et de les affecter aux trois périodes de la vie de Moïse. vie,

1. Sa vie avant de recevoir l'appel pour sauver son peuple,

2. Son opposition au Pharaon,

3. Sa direction du peuple dans le désert.

Cette seconde classification pourrait servir d'ébauche d'un essai sur la vie de Moïse que les enfants pourraient être invités à remettre à la fin du trimestre pour résumer leur travail de l'année.

NOTES DE BAS DE PAGE :

[1] Chaque fois qu'une *haggadah* est utile pour expliquer un passage biblique, elle peut être enseignée dans le cadre de la leçon biblique. Mais l'enseignant doit éviter d'enseigner des légendes susceptibles de dénaturer le sens biblique et même celles qui sont simplement étrangères au sujet, comme, par exemple, la légende de la persécution d'Abraham par Nimrod, car nous devons faire attention à ce que ces légendes n'usurpent pas le sujet. place unique que la Bible en tant que Torah doit occuper dans la vie et la pensée juives. La *haggadah* ne fait pas autorité ; la Bible l'est.

[2] Voir par exemple Genèse 19. 16, 17 ; 31. 11 à 13 ; 32. 25 à 31 ; 48. 15 à 16. Exode 3. 2, etc.; 23. 20 à 22. Juges 2. 1 à 2 ; 4. 12 à 14 ; 13. 17 à 18, 21 à 22.

[3] La signification de ceci ne peut pas être approfondie ici. On en trouve un traitement intéressant dans les Essais de critique du Pentateuque de Wiener. Pages 47-53.

[4] Parler de notre race comme du peuple juif à un moment quelconque avant l'exil des dix tribus est, certes, un anachronisme, mais nous l'utilisons parce que l'enfant sait que lui et ses amis sont juifs avant de savoir que ce sont des Israélites ou des Hébreux.

[5] L'enseignant intéressé les trouvera abordés dans Am Haaretz de Sulzberger.

[6] L'hébreu a Médanites .

[7] Essais de critique du Pentateuque pages 47-53.

[8] N'illustrez pas cela au tableau, car le sentiment juif considère qu'il est irrévérencieux d'écrire le nom de Dieu sur quelque chose dont il sera ensuite effacé, ou qui sera mis de côté et détruit. Au lieu de cela, illustrez à partir de livres imprimés. Si les enfants doivent écrire le nom de Dieu au tableau noir , ils devraient apprendre à écrire simplement l'initiale « G » en anglais ou ד ou ה en hébreu.

[9] Puisque les sacrifices ont cessé avec la destruction du Temple, la consommation du repas dans le cadre du service du Seder répond à cet objectif. Lors de ce repas, l'agneau pascal est symboliquement représenté par l'os rôti, et le *ma ẓẓ ot* et *le maror* sont mangés.

[10] Dans les temps modernes, huit jours en diaspora.

[11] Bien sûr, une telle méthode d'approche n'est possible que lorsque l'enfant assiste à des services religieux, mais il est extrêmement important

que des dispositions soient prises pour que chaque école religieuse prenne des dispositions permettant d'assister à un service régulier.

[12] Pour d'autres suggestions à cet égard, voir la partie II, chapitre IV, de ce livre.

[13] Voir Partie I, Chapitre IX.

[14] De bonnes illustrations du tabernacle et de ses fonctions, ainsi que des vêtements sacerdotaux, se trouvent parmi les illustrations bibliques de Tissot.

[15] Il n'y a aucune preuve directe que cela fasse partie du culte du tabernacle, mais nous savons que cela faisait partie du culte du Temple et comme les hymnes sont courants dans les rituels anciens, notre affirmation est probablement correcte.